'80sガールズファッションブック

—'80s Girls Fashion Book—

竹村真奈 編著

Contents

004 **chapter 1 ニューウェーブの到来**

008 COLUMN 新人類たちが火をつけたニューウェーブ旋風とは?

010 **chapter 2 DCブランドの誕生**

014 COLUMN チェッカーズの出現でオシャレな男子急増化!?

016 **chapter 3 オリーブ少女たちの出現**

BIGI
024 JUST BIGI
030 ATELIER SAB
032 SAB STREET
036 HAKKA
048 INTERVIEW 文化屋雑貨店オーナー・長谷川義太郎さん
052 COLUMN 雑貨屋さんブームとオリーブ少女の深い関係

056 **chapter 4 少女の憧れ、ロマンティック**

MILK
058 HIROMICHI NAKANO VIVAYOU
068 POU DOU DOU vingt-trois
072 HIROMICHI NAKANO
078 INTERVIEW HIROMICHI NAKANO VIVAYOU/HIROMICHI NAKANOデザイナー・中野裕通さん
082 COLUMN めくるめくビューティコスメの世界

090 **chapter 5 ティーンズパワー**
PERSON'S
102 BA-TSU CLUB
114 SAILORS
124 INTERVIEW SAILORSオーナー兼デザイナー・三浦静加さん
128 COLUMN 80年代×キャラクター×ファッション
＝おしゃれガールの方程式♡
132 COLUMN 原宿・竹下通りのタレントショップ全盛期に
タイムスリップ！

136 **chapter 6 ドメスティックブランド再熱**
I.S.
152 ZUCCa
156 TSUMORI CHISATO

162 **chapter 7 ファッションが光る広告たち**
パルコ／ラフォーレ原宿／AXIA(富士フイルム)
FIORI(雪印乳業)／Roxy（トリオ）／Walky(東芝)

170 **chapter 8 '80-'89ガールズファッション史**
182 あとがき
184 奥付

chapter

1

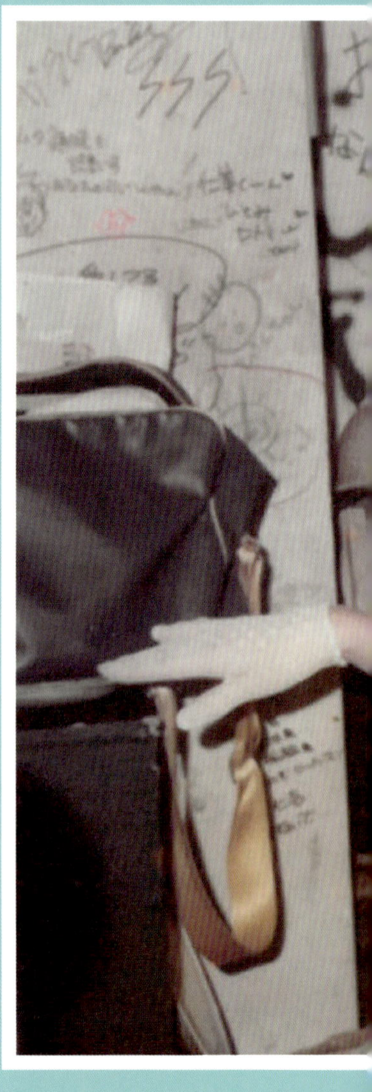

ニューウェーブの到来

ARRIVAL OF NEW WAVE MOVEMENT

バンド「ゲルニカ」時代の戸川 純。赤い口紅にバレリーナのようなファッションが印象的。
ソロになってからは、ランドセル姿や巫女さん、パンクファッションなど見るものに衝撃を与え続けた。
写真提供／戸川純事務所

80年代のはじまり、ロンドンを中心に発生したパンクムーブメントの終わりと共に「ニューウェーブ」というまったく新しいスタイルが誕生。それらの音楽エッセンスを取り入れたニューウェーブ系トンガリキッズたちはライブハウスやディスコ、カフェバーに生息し、他人と違うことに重きを置き、とにかく目新しい“ヘン”なスポットやアイテムを探し出してはライフスタイルやコーディネイトに柔軟に取り入れていった。しかし、“前衛的でマイナー”を求めていた彼らは、シーンがメジャー化していくにつれて急速に世の中から消えていくのだった。

ACROSS編集室（パルコ）より

ACROSS編集室（パルコ）より

ACROSS編集室（パルコ）より

音楽カルチャーと密接するファッションで、サングラスにビッグシルエットのロングコート、缶バッジや腕章など、音楽を彷彿させる奇抜なアイテムが活躍。また、指先のないロング手袋や水玉の靴、ジャラジャラとしたネックレスにレースタイツ、ファー素材の小物にビーズバッグなど、主張の強い異素材アイテムの組み合わせが特徴的。こうした「個」のアピールによって新時代が作られていった。

（右）最先端のDCブランドのアイテムを積極的に取り入れながら、アーティスティックな丸めがねに厚底のブーツで個性を打ち出す。イギリスのファッション誌『i-D』の影響も大きかったという。

ACROSS編集室（パルコ）より

COLUMN

新人類たちが火をつけた ニューウェーブ旋風とは?

ライブハウスやディスコ、カフェバーに生息し、音楽のエッセンスと共に目新しい“ヘン”なスポットやアイテムを探しだしてはファッションにいち早く取り入れていたニューウェーブ系トンガリキッズに言及!

『TOP SECRET MAN』PLASTICS
Invitation 現:ビクターエンタテインメント/80年
提供:ビクターエンタテインメント

『WELCOMEBACK PLASTICS』PLASTICS
ビクターエンタテインメント/2016年
(81年のデラックスエディション版)
提供:ビクターエンタテインメント

70年代の終わり、ロンドンを中心に巻き起こったパンクムーブメントが終息し、80年代に入ると“ニューウェーブ”という新しいものを生み出そうとする音楽とファッションのスタイルがやってきた。トレンドに敏感な東京の服飾系・美容系の学生を中心にみるみる浸透し、彼らは目新しい“ヘン”なものを見つけては、積極的にファッションやライフスタイルに取り入れていったのだ。

その頃、テクノやニューウェーブの音楽的なムーブメントの中心にいたのがイエロー・マジック・オーケストラ(通称:YMO)であり、赤い星がついた人民帽や明治時代のスキー服をイメージした人民服のような衣装を着用するなどの個性派ファッションを打ち出した。中でももみあげの部分を切り揃えたヘアスタイル「テクノカット」は、男性の間で大流行し、ニューウェーブを世に知らしめるきっかけとなった。

同時期にポップでキャッチーなお目立ち要素の強い「竹の子族」ブームも起きて

PLASTICS/79年に英国デビューを果たし、80年には逆輸入というスタイルで日本で華々しくデビュー。まもなく米国ツアーを行い、B-52'sやラモーンズらとの共演で話題に。81年12月に突如解散するが未だ根強いファンは多い。

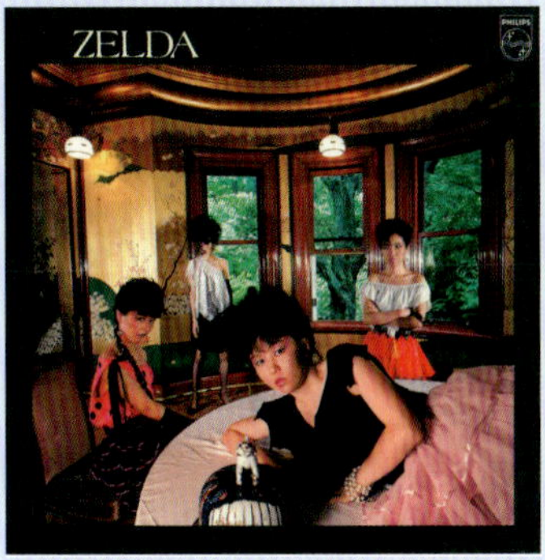

『ZELDA』ZELDA
日本フォノグラム　現:ユニバーサル ミュージック／82年
©ユニバーサル ミュージック

『C-ROCK WORK』ZELDA
CBSソニー　現:ソニーミュージック／87年
提供:ソニー・ミュージックダイレクト

ZELDA／79年に結成されたガールズバンドの草分け的存在。文学的な歌詞と世界観でトンガリ少女の憧れの的となった。女性グループとしてもっとも長い活動歴を持つことで、ギネスブックにも記載されている。

いたが、それとは方向性のまるで違うインディー志向で流行に媚びないトンガリ精神を持ったニューウェーブ系の若者から注目を集めたのが「PLASTICS」「戸川 純」「ZELDA」だった。PLASTICSは、イラストレーターの中西俊夫、スタイリストの佐藤チカ、グラフィックデザイナーの立花ハジメらが中心メンバーとなりいわゆるトンがった職業に就く業界人で結成されたバンド。一方、ニューウェーブの歌姫としてバンド「ゲルニカ」や「ヤプーズ」のボーカリストとして活躍していた戸川 純は、特異な個性と独創的な歌詞でカルト的な人気を集めた。「ZELDA」は、ガールズバンドの先駆け。文学的な歌詞と世界観がウケて中高生がコピーバンドを組むキッカケにもなった。

しかも、当時はそんな憧れのヒトたちが集まるスポットが都内に点在していたという。センター街の奥にあったカフェバー『ナイロン100%』では、店内モニターで当時まだ珍しかった海外アーティストのPV観賞ができたり、レジ裏にズラリと並んだカセットからは、最新のニューウェーブ音楽を選んで聴くことができた。原宿にあった日本初のクラブ『ピテカントロプスエレクトス』(通称：ピテカン)では、バスキアやキース・ヘリング、以降の日本のストリートファッションへ大きな影響を与える藤原ヒロシの姿が見られたり、新宿3丁目にあったディスコ『ツバキハウス』(通称:ツバキ)と姉妹店のニューウェーブ系ディスコ・六本木『玉椿』(ツバキボール／通称：タマツバ)には多くのオシャレ芸能人や有名デザイナーが集っていた。

こうした憧れのヒトたちが集うカルチャーの発信地といえる空間で、ニューウェーブ系トンガリキッズたちは毎晩おしゃれ合戦を繰り広げる。しかし、はじまりは前衛的でマイナーだった音楽やファッションも万人に知れ渡ることになり、メジャー化されていくと、ニューウェーブ系は急速に消滅し、また新たな何かを探しにいくのだった。ここで生まれた音楽、ファッション、ライフスタイルの感覚は現代と深く繋がるカルチャーの源流となったのは言うまでもない。

chapter 2

DCブランドの誕生

BIRTH OF DC BRANDS

BIGI

BIGIのデザイナー・菊池武夫と稲葉賀恵はDCブランドブームの火付け役でもあり、ブーム以前より活躍。日本のファッション界を大きく発展させていった。

DCブランドとは80年代に社会的なブームとなった「BIGI」、「COMME des GARÇONS」、「Y's」、「VIVAYOU」、「PERSON'S」などの"デザイナーズブランド"と"キャラクターズブランド"の総称。今でこそ大御所揃いだが、仲間と集まりマンションの一室から始まった"マンションメーカー"も多い。大手アパレルメーカーが作る大量生産の既製服に反発した、個性派の革新的な服づくりは若者に支持されていく。いち早く目を付けたのは新しもの好きのニューウェーブ系トンガリキッズたち。川久保 玲や山本耀司らが打ち出した黒ずくめの「カラス族」へと発展し、全国へ浸透した。

ACROSS編集室（パルコ）より（81年）

DCブランド全盛期。「身体に沿ったシルエット」の定番を覆した
ビッグシルエットのボリューム感あるフォルムにヒールのない靴が流行。

ACROSS編集室（パルコ）より（83年）

ハウスマヌカン風の黒ずくめファッションに身を包んだ「カラス族」が台頭。
男に媚びない「プライドを持った自立した女性」のスタイルとも言われた。

COLUMN

チェッカーズの出現で オシャレな男子急増化!?

80年代を代表する名曲を数多く残し、
日本のファッション史に多大なる影響を及ぼした伝説のアイドル・
チェッカーズについて語りたい。

『絶対チェッカーズ！！』チェッカーズ
キャニオン・レコード　現：ポニーキャニオン／84年

チェッカーズ初期のシングルカットされた楽曲は、作詞を売野雅勇氏や康珍化氏、作曲・編曲を芹澤廣明氏が手がけるものが中心だったが、本作は藤井郁弥が作詞をつとめた名曲「危険なラブ・モーション」「ウィークエンド アバンチュール」「ガチョウの物語」が収録された超名盤。チェックのマリンルックが新鮮なジャケットはオレンジと黄色と黒のコントラストを見ただけでチェッカーズを思い出すほどのインパクトを与えた。

ポップスバンド「チェッカーズ」がデビューした83年、日本の音楽業界とお茶の間に激震が走った。さかのぼること80年、当時18歳だったボーカルの藤井郁弥（現：藤井フミヤ）とギター兼リーダーの武内 享を中心に福岡県久留米市で結成されたロカビリーバンド、それこそが「チェッカーズ」だ。メンバーは、サックス・藤井尚之、ベース・大土井裕二、ドラム・クロベエ（徳永善也）、サイドボーカル・鶴久政治、高杢禎彦。華があって、かっこよくて、センスのいいオシャレな7人組として、アマチュア時代からとてつもない人気だったという。

翌年に「ヤマハ　ライトミュージックコンテスト　ジュニア部門」で最優秀賞を受賞し、トントン拍子でデビューの話が舞い降りると、尚之とクロベエの高校卒業を待って上京。

そして、ロカビリーバンド出身の彼らの音楽的志向とは異なる「ギザギザハートの子守唄」でデビュー！　今でこそ知らない人はいないほどの有名な曲だが意外にもその売り上げは低空飛行だった。翌年リリースされたイントロのアカペラと振り付けが印象的な「涙のリクエスト」で爆発的ヒットを飛ばし、後追いする形で「ギザギザハートの子守唄」も再評価されたのだ。その後も「哀しくてジェラシー」「星屑のステージ」「ジュリアに傷心」と出せば売れるでヒット曲を連発。

その人気の決め手となったのはもちろん楽曲だけではない。彼らのカリスマ性や独特なファッション、アイドルだけどバンド形式であったり、自分たちで楽曲制作までできてしまうという当時では新しいスタイルで、とにもかくにも日本国民はチェッカーズから目が離せない釘付け状態だった。

チェッカーズと言えば、“チェック柄”の衣裳のイメージが強いがこれは当時のマネージャーの発案によるもので、バンド名の由来とは直接関係はないという。デビュー当時からチェッカーズを総合プロデュースしていた秋山道男によって、ヘアスタイルやファッション、バンドコンセプトなども考えられていたのだが、そこで大活躍したのがチェックオンチェックな衣装や、当時流行していたマリンルックとチェックを融合させるなど、チェック使いのカリスマと言っても過言ではないスタイリストの堀越絹衣。チェッカーズファンにとっては神様的存在！

そして、チェッカーズの人気と同時に“チェッカーズファッションブーム”の到来となる。まず純粋にオシャレな男子急増化。これは女子にとっても喜ばしい革命だった。刈り上げ頭に前髪の一部を目にかかるくらい垂らした「チェッカーズカット」、イヤーカフスや指輪をつけたり、DCブランドを取り入れたダボダボファッションをルーズにかわいく着たり、というのがおおいにアリな時代になったのだ。それまでの男は男らしく、といった風潮は一気に廃れ、新たなメンズファッションの道が開拓されたと言える。チェッカーズがメンズファッション界に与えた功績はあまりに大きい。

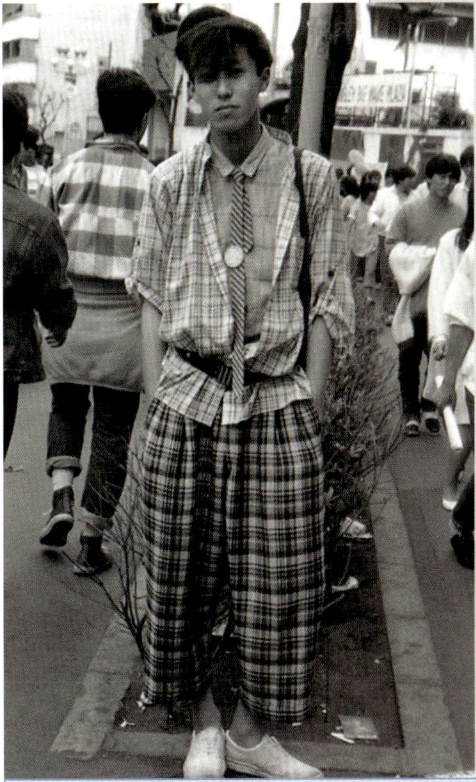

ACROSS編集室(パルコ)より(84年)

チェックオンチェックに前髪長めのスタイルでチェッカーズのコスプレに身を包んだ青年。実際に当時はこのようなファッションで街を歩く男の子で溢れた。

chapter

3

オリーブ少女たちの出現

APPEARANCE OF OLIVE GIRLS

BIGI

（左）ジップアップのプルオーバーは白ベースに黒の配色でスポーティなのにシックな印象。
（右）襟や袖にジャージー素材があしらわれたワンピース。スポーツプリントが楽しげ。

ガーリーなスタイルを好む少女たちから絶大な支持を誇った雑誌『Olive』（マガジンハウス）が83年（12/3号）に打ち出したのが、「リセエンヌ宣言」。フランスの中高校生を指す「リセエンヌ」のファッションやライフスタイルをお手本にしようというものだ。同誌ではその定義を「さりげなくおしゃれで、いい感じ。どことなくかわいくて、夢がありそう。大人っぽく見えるからといって、ちっとも背伸びしているわけではなくて、ティーンエイジのいまにぴったりの、自分のスタイルをもっている少女」としている。そんな普遍的なかわいらしさを追求した"オリーブ少女"が誌面や街中に溢れた。

インパクトのあるシンメトリーデザインのニット。インナーもニットでレイヤード！ 異素材の組みあわせが新鮮。

「ＢＩＧＩ」は70年、ＤＣブランドブームの火付け役であるデザイナーの菊池武夫、稲葉賀惠らによって創立。マンションの一室でコツコツつくられた服が海外ブランドよりも人気となった“マンションメーカー”の先駆けで、現：表参道ヒルズの向かいにあったＢＩＧＩの店舗はオリーブ少女、憧れの聖地だった。

（右）ウルグアイ製のもこもこニットカーディガンはあらゆるコーディネイトと相性がよかった。

SINGLES

BIGI

「エスニックを日常に取り入れる」のがテーマの年。象形文字のようなプリントがキュート。うしろ姿もぬかりなくおしゃれなリラックスカジュアル。

白・黒・赤の絶妙な配色のバランスで、エスニックなプリントベストも元気に楽しみたい。

BIGI

すがすがしいほど美しいブルーのオーバーサイズコートに、水玉柄のネクタイを粋にコーディネイト。

落ち着いたマニッシュスタイルに赤いラインの効いたデザインが女性らしさを演出。

JUST BIGI

ウール素材の伝統的なタータンチェックもトラッドっぽくなりすぎないデザインでラフにコーディネイト。

「JUST BIGI」は「BIGI」の少女版として誕生。BIGIと比べ、リーズナブルなのもポイント。基本カラーはトリコロール＋黒というクールさを持ちながら、シンプルなデザインの中に、ワッペンや刺繍、ボタンひとつまでトコトンこだわった遊び心が愛しい。小物やライフスタイル雑貨まで展開するなど、充実のラインナップだった。

シーチングにピンタックが施されたノースリーブのセットアップはバカンスにもぴったり。

JUST BIGI

あか抜けた夏のブラックコーデ。前髪を長めに流したベリーショートスタイルが決まる。

主役のチェック柄のジャンパースカートはフェミニンなのにクール。小物使いでアクセントを。

JUST BIGI

（左）ミドリフトップにハイウエストの綿のギャバジンパンツ。スポーティなマリン風が新鮮だった。
（右）ふんわり広がるスカートとハイウエストなパンツ。タータンチェック柄は80年代には欠かせない。

ATELIER SAB

「ATELIER SAB」は74年、デザイナーの田中三郎によって創立。チーフデザイナーは平子礼子。ブランドを象徴するアイテムのひとつであるエンブレムジャケットは、「ソフトトラディショナル」をメインテーマに据えた84年秋冬に登場。こだわりの技術とセンスが活きたアイテムで、80年代後半のトラッド離れの傾向においてもラインナップから消えることはなかった。

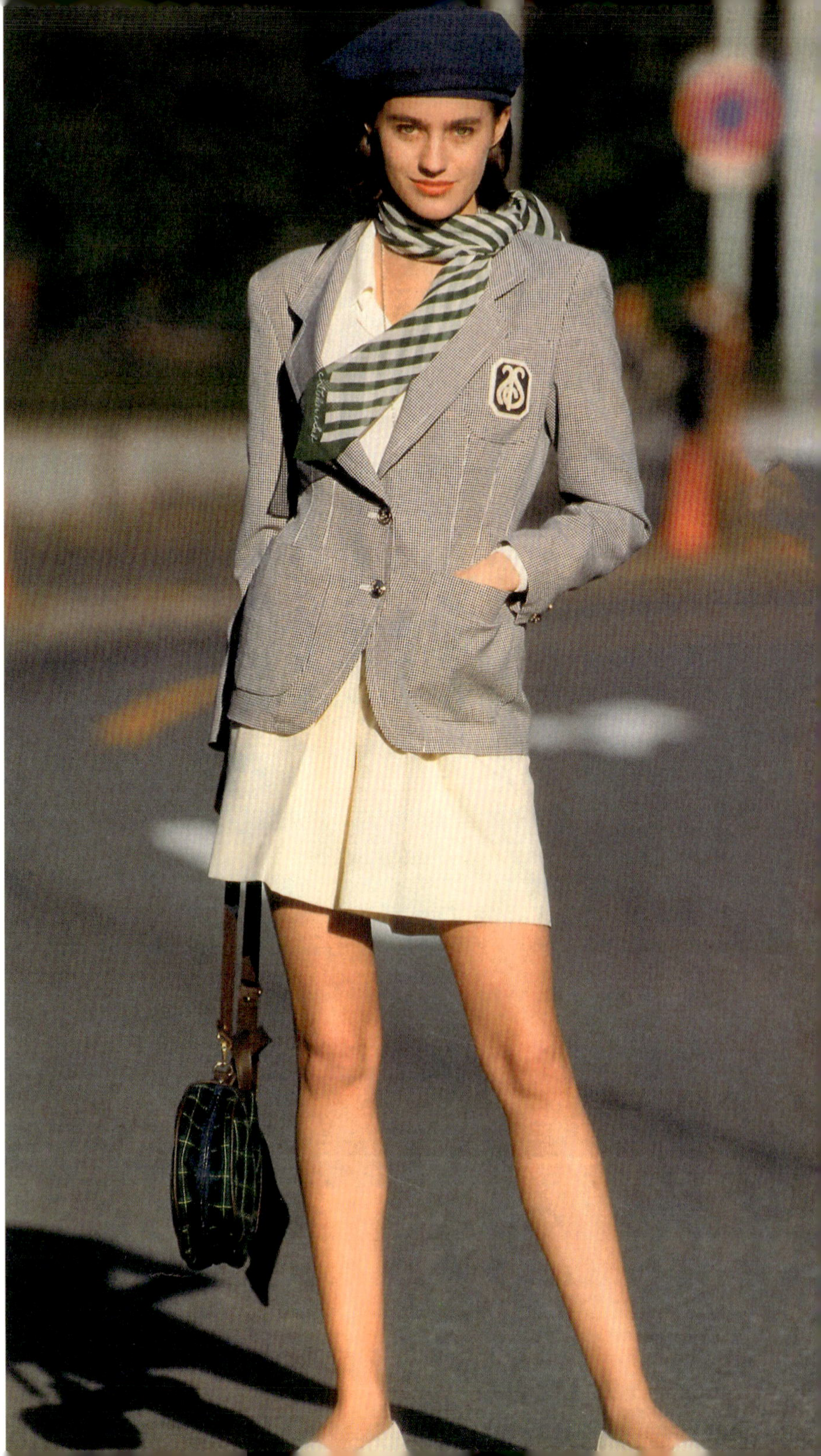

社内報『SAB'S』（左91年3月、右90年9月）より

（左）自分らしさを演出するためエレガントにスポーティをプラス。
千鳥格子のエンブレムジャケットにショート丈のパンツを合わせトラッドアイテムをカジュアルかつ上品に。

（右）大ブレイクしたボアジャケットに合わせたマーメイドシルエットのロングスカートは乗馬プリントがエレガント。

（右）「海辺で寝そべる少女」がテーマの89年春。
やわらかなパステルグリーンに包まれた淡い夢のようなスクールガールコーデがロマンティック。

スタンダードなステンカラーコートに水玉シフォンスカーフを肩からかけてアクセントに。

「SAB STREET」は、「ATELIER SAB」のセカンドラインとして86年に誕生。ヨーロピアン・トラディショナルをベースに、程よくトレンドを取り入れた上品なカジュアルファッションで人気に。ボーイッシュとガーリーな要素のバランスが抜群で、シンプルで着こなしやすいデザインながらも、自分らしさをさりげなく主張できた。

社内報『SAB'S』（89年3月）より

社内報『SAB'S』(89年9月) より

「イギリスの田舎の背景に似合う、簡素でナチュラルな服」がテーマの89年秋。
流行のナチュラルをベースに、SAB STREETらしくトラッドにボーイッシュさをプラスしてアレンジ。

コットン、ウールなどの天然素材に合わせたナチュラル志向のオレンジやブラウンのカラーリングも89年秋のこだわり。
マニッシュなカップルコーデもバランス抜群。

HAKKA

「HAKKA」は76年、デザイナー葉山啓子によって創立。オリジナルの素材からプリント、デザインまで自由で遊び心いっぱいの世界観を、日常のさまざまなシーンに合わせて提案。レディースのみならずオム、キッズにまでも、個性あふれるHAKKAワールドを築いた。

「'85 HAKKA SPRING & SUMMER COLLECTION」より

「'84 HAKKA SPRING COLLECTION」より

「'85 HAKKA SUMMER COLLECTION」より

「'85 HAKKA FALL & WINTER COLLECTION」より

HAKKA CIRCUS

「'84 HAKKA SPRING COLLECTION」より

「'85 HAKKA SUMMER COLLECTION」より

HAKKA

「PICNIC FOR WINTER SEASON」より

PICNIC
FOR WINTER SEASON
Shakey's pizza

INTERVIEW

文化屋雑貨店オーナー
長谷川義太郎さんインタビュー

雑貨ブームと文化屋雑貨店

74年に現在の「ファイヤー通り」の渋谷消防署前にオープンしたのが文化屋雑貨店。毛沢東グッズ、サイババの指輪、ヒョウ柄のスカーフに、ド派手なサングラス。文房具から靴にバッグ、生活雑貨まで。センスの塊のような雑貨カルチャーを生み出してきた伝説のオーナーである長谷川義太郎さんにお話をうかがった。

取材・文＝野口理恵　取材協力＝（元）鶴谷洋服店

欲しいと思わせないと雑貨じゃない

── 80年代の女の子たちは、文化屋雑貨店のかわいくて少しへんてこな雑貨に夢中になりました。オープンした当時のことを教えてください。

長谷川　当時、最先端の店やファッションが渋谷に集中していたので、そこを狙って消防署前にお店をオープンしました。明治通りが混むから、雑誌やファッションの業界関係者の黒塗りの車は1本内側を通る。それが消防署の前の通り。つまり文化屋雑貨店前を取材の車が通っていくわけ。店頭に商品を出しておくと、道行く女の子たちが「何これ!」と言って入ってくる。それを雑誌社の人とカメラマン、ファッションモデルが見てお店にやって来るという読みがまんまと当たりましたね。雑誌では『an・an』『Olive』（マガジンハウス）にいち早く取り上げてもらいました。

蔦谷喜一さんによる文化屋雑貨店原宿店のイラスト。

── そもそもお店はどのようにしてスタートしたのですか?

長谷川　文化屋雑貨店オープン前にBIGIで商品を売る機会があって、昔のバスの運転手が着ていたオープンカラーのフラップのポケットがついてる開襟シャツを置いたら完売したんです。それで自信をもってしまって（笑）。あとはぼくの実家は病院だったのですが、親父が亡くなって病院を畳むときにバザールをやって、武蔵野美術大学の友だちに手伝ってもらい、パイプベッドに色を塗ったりして全部売っぱらったの。そこで150万とか200万とか、当時のお金で資金ができたので、動き始めることができました。

──オリジナル商品もどんどん増えましたね。

裏原宿にあった文化屋雑貨店の店舗。修学旅行生もたくさん訪れた。

長谷川　最初につくったのはアクセサリーです。合羽橋に行って、魚や野菜の食品サンプルをイヤリングにしたり。今、そんなおもちゃみたいなアイテムが流行っていますが、当時はそれを耳につけようなんて発想する人はいませんでした。宝石やゴールドなど、いかに本物を真似るかというアクセサリーが主流でしたから。そこに文化屋雑貨店がめちゃくちゃな概念を持ってった。でもそれは「アート」ではないんですよね。アートはそれを世の中に提示することによって人に影響を与えるけれども、それ自体を「欲しい」と思わせるとは限らない。一方、ぼくは“そのもの”を使ってもらいたいと思っていた。欲しいと思わせないと雑貨ではないと考えていたから。鑑賞品ではないし、アンティークでもない。使えるもので、なおかつ心を動かすものはなんだろうと常に考えながらやっていました。

──センス溢れる雑貨が魅力でしたが、長谷川さん自身のセンスはどのようにして養っていったのでしょう？

長谷川　ぼくの叔父は写真家で、1910～20年代くらいに国際写真家サロンのシアトルの支部長をやっていました。そんな叔父が戦争でアメリカから帰国すると、ぼくは医者の息子で両親が忙しかったから叔父に預けられるようになったんです。叔父の家には、タイトスカートを履いた外国の女の人や、兵隊さんが遊びに来る。「朝はパンを食べよう」と、トースターからパンがポーンと飛びあがったり、オメガの大きい時計を初めて見たり。日本ではあまり経験できない文化を身近に感じながら成長しました。それから叔父はランチュウというおでこがボコっとしたグロテスクな金魚を飼っていたんですが、それが珍重されて「かっこいい」とされることもぼくには衝撃的でした。金魚といえばお祭りの屋台の赤い金魚か、せいぜいデメキンくらいしか見たことがありませんでしたから。そんないろいろな価値観を知ることができたのは大きかったです。

――刺激の多い少年時代だったわけですね。

長谷川　そうですね。中学生になると、日比谷の『AMERICAN PHARMACY』（アメリカンファーマシー）によく行っていました。お客さんのほとんどが外国人という薬屋で、女性の店員がかっこいいんです。白衣のような服を着て、赤いマニキュアを塗っていて。英語でべらべらしゃべっている姿に見惚れました。薬屋だけど輸入雑貨も扱う店で、アメリカの雑誌も見られるし、それこそなんでもあるわけです。日本みたいに縮こまっていなかった。あらゆる垣根を超えていて、とても“開いて”いた。そのなんでもありのオープンな空気が文化屋雑貨店の“ルーツ”になっていると思います。

ミュージシャンやデザイナーも夢中に

―― 80年代初頭のニューウェーブという時代、文化屋雑貨店はどのような様子でしたか？

長谷川　ほんとにいろんなジャンルの人が物色しに来てましたね。PLASTICSのメンバーの立花ハジメや、中西俊夫、佐藤チカは、それぞれ別々に文化屋雑貨店に来ていたお客さんだったんです。あとは洋服屋さんも買いに来たりして。プリントがズレて商品にならずにハネられたヒョウ柄のスカーフを販売していたのですが、それをコシノジュンコさんが買っていくんですよ。パリのハウスマヌカンが来たときも、たくさん買って行きましたが、彼らはそれをパリで売るんです。世界中のファッション業界のバイヤーが買いに来ていましたね。

――いわゆる買い付けに来ているんですね。

長谷川　どこまでも広がっていけばいいと思っていたので、他で売られても僕は全然気にしませんでした。アンディ・ウォーホルも2回くらい来ましたよ。暑い中、汗でぐしょぐしょになりながら女の子たちと店に2時間もいて（笑）。日光を当てて焼きつけるおもちゃの日光写真の紙のネガ1枚50円のものを買って帰りました。外で黒いスーツを着た御付きの人がいてね。最初は誰だかわからなくて「なんだこの白髪のおじさん」って思っていました。

（上）文化屋雑貨店ファンのポール・スミスが撮った写真でつくったオリジナルグッズ。
（下）「世の中にないものを探し、探してないものは自らつくり出す」をモットーに集めてきたもの。ヒョウ柄は長谷川さんが書き上げたオリジナル。

長谷川さん自らデザインしたオリジナル靴下。当時のアパレル業界がどこもやっていなかった靴下を文化屋雑貨店が先駆けて販売。戦後初めて日本の靴下がアメリカに輸出されたとして表彰を受けた伝説の商品。

──『Olive』で83年に「リセエンヌ宣言」という、パリっぽいテイストが誌面で打ち出されました。その頃から雑貨とファッションが共存している特集がたくさん組まれていましたが、そこには文化屋雑貨店が必ず載っていましたね。

長谷川　『an・an』や『Olive』のスタイリストが誌面に載せるために選んでいく雑貨はファッション系のものが多く、最初の頃はそうした“身に着けるもの”が売れていました。そのあといろいろな雑誌が「チープシック」という特集を年に数回やるようになり、そこにも必ず載せてもらっていましたね。当時、雑誌関係者やスタイリストたちは何も借りなくても日常的に新しい商品を見に来ていました。

──雑誌に載っている服は値段が高くて買えないものも多いですが、雑貨は手が届きやすいから嬉しいですよね。

長谷川　商品の価格帯は900円くらいが一番多かったですね。レンズが入っていない透明のかわいいおもちゃめがねとか、ビニール製のスリーウェイのバッグとか。他の店では売れないものばかり売っていましたが、文化屋雑貨店では爆発的に売れたりして。誰が買うのかというターゲットを一切、想定しなかったんですよ。お客さんには合わせなかったというか。だからお店に来た子どもと一緒にいるお母さんやおばあちゃんが食いついていたり。結局親が最後まで見ていて、子どもに「帰るよー」なんて言われて（笑）。

──当時、文化屋雑貨店には島崎夏美さんのようなカリスマ店員さんもいましたね。

長谷川　なっちゃんは、彼女が学生のときにはじめて店に来てね。テレビに出たり、すごい人気でしたね。彼女目当てのお客さんも多かった。キョンキョン（小泉今日子）もなっちゃんに会うために週末になると電車で遊びに来ていましたよ。

閉店、そして今

──ファッション業界、雑誌業界にムーブメントを起こし、時代を席巻してきた文化屋雑貨店ですが、2015年に幕を閉じました。閉店当時はどのようなお気持ちでしたか？

長谷川　お店を辞める半年前に弟が亡くなって、決心をするのにちょうどよかったんです。仕事をして生きていくことと、自分のやりたいことをやって生きていくことには違いがありますよね。そんなことを考えていたら、これは辞めても別に誰も困るわけじゃないなと思ったんです。

──閉店のニュースに衝撃を受けたファンがたくさんいました。閉店から5年が経ちますが、現在は東京・神保町の『(元) 鶴谷洋服店』で復刻した雑貨を販売されたり、神出鬼没に活動をされていますね。

長谷川　店舗を閉じたことは、すごくすっきりして気持ちよかったです。辞めたら最高ですもん。好きな本を徹夜で読んでもいい。毎朝、お店の鍵を開けに行かなくてもいい。40年間、一生懸命やってきて、それはそれでとても楽しかったけれど、今のほうが楽しいです。新しい人と毎日、毎日、会うから。新しく会う人から刺激をもらうほうが、過去を振り返るよりも楽しいですからね。

COLUMN

雑貨屋さんブームと オリーブ少女の深い関係

「雑貨」「雑貨屋」といった言葉が、一般的に浸透し始めたのは84年頃。それまでは「文房具」や「小物」とざっくり表現されていたのが雑誌『Olive』などで特集が組まれるようになり、雑貨をファッション的に楽しむことに女の子たちの関心が高まっていったのだ。ここでは東京を拠点にした人気の雑貨屋さんをご紹介!!

雑貨屋さんFILE 001

アフタヌーンティー

ヨーロッパのライフスタイルを提唱

81年渋谷『パルコ』パートⅢに1号店がオープン。「無理をせずに手が届く、ちょっとした心のぜいたく。他では見つからない新しい発見があること」をコンセプトに、当時は珍しかったスコーンを提供する隣で、カフェオレボウルを販売し、ヨーロッパのライフスタイルを日本に取り入れた。

雑貨屋さんFILE 002

オキドキ

チープシックな珍雑貨が揃う名店

50年代アメリカ生まれの小物が溢れるポップでサイケな雑貨屋さん。主にカリフォルニアで買い付けたものが中心。アンティークの小物や食器をはじめ、人気だったのはプラスチック・アクセサリー。希少価値のあるアンティーク商品の中から、安くて自分好みの掘り出し物を見つけるのも楽しみのひとつ。

雑貨屋さんFILE 003

オン・サンデーズ

ステーショナリーの楽しみ方を教えてくれる

ヨーロッパから輸入したステーショナリーなどを扱う専門店。カードやアートの系洋書、写真集も充実していて、乙女心がくすぐられる多彩な商品が美しく並ぶ。

雑貨屋さんFILE 004

宇宙百貨

おもしろ中国雑貨の宝庫

安い・かわいい・センスがいいの三拍子に加えて実用的な香港や中国の雑貨などが揃った「宇宙百貨」。ホーロー製のバケツに目覚まし時計、ユニークなステーショナリー、プラスチックカップにビーズバッグなどなど、ジャンルを問わないバラエティーに富んだ豊富な品揃えが自慢。

雑貨屋さんFILE 005

ガラクタ貿易

キャラクターアイテムなら おまかせあれ

50年代のアメリカで人気だったキャラクターグッズなどを豊富に取り揃えたオリーブ少女にはお馴染みの言わずと知れた雑貨屋さん。学校に持って行きたくなるノートやクリップなどのステーショナリーグッズはもちろん、Tシャツやトレーナーなどの衣類も多数扱う。

雑貨屋さんFILE 006

SWIMMER

少女の夢を永遠に忘れない

「子どもの頃のノスタルジーをいつまでも忘れないでほしい」という願いが込められた商品の数々＝オリーブ少女の憧れ。王冠の小物入れや飾っているだけでかわいいままごとセット、もったいなくて使えないレターセットなど、胸がきゅんと締めつけられる愛おしさがあった。

雑貨屋さんFILE 007

SUPER FREAKS

世界の人気キャラクターが 大集合

思わずうっとりしてしまう高価なアンティーク雑貨から、コレクター心をくすぐるチープアイテムまで幅広いラインナップでコアなファン多し。『スター・ウォーズ』や『E.T.』などの'80s映画グッズから『オバケのQ太郎』などの日本のアニメグッズまで!! 世界中の愛しいキャラクターと出会える空間だった。

雑貨屋さんFILE 008

大中

チャイニーズ雑貨の 火付け役！

おもちゃ箱をひっくり返したような賑やかな店内には、カラフルでチープシックなチャイニーズ雑貨が溢れていた。小物なら1000円あればお気に入りと出会える！というくらい、いつでもセール価格の太っ腹さに惚れてしまう。人民帽やドレスなどのチャイニーズファッションも大流行した。

500円以内という価格で販売されていた人民帽は大中の定番商品。

人気のカンフーシューズ。サテン地バージョンなど、種類も豊富。

雑貨屋さんFILE
009

チチカカ

**強烈なインパクトを放つ
雑貨を発見！**

中南米の雑貨といえば、「チチカカ」。色と模様が楽しいペルーのビーズや木で作られた動物の置き物など、個性的で温もりとユーモア溢れる民芸雑貨がいっぱい。自分だけの空間を遊び心満載の独特な世界観で楽しみたい人に持ってこい。存在感のある強烈なインパクトを放った置き物など、見ているだけで楽しくなる。

雑貨屋さんFILE
010

DEP'T STORE

何度も足を運びたくなる老舗古着店

ニューヨークやロンドンから仕入れた古着やデッドストックものがひしめき合う「DEP'T STORE」。500円などのお手頃価格の商品があったり、毎日商品の入れ替えをしたりとお客さんを飽きさせない工夫も嬉しい。バンダナ柄のスニーカーやプラスチック・アクセなど、古着屋ならではのセンスの光る雑貨が揃う。

雑貨屋さんFILE
011

となりのみよちゃん

レトロ雑貨屋のはしり

65年に設立し、「みよちゃん」というおかっぱ頭にリボンをつけた女の子のキャラクターがプリントされた雑貨やお菓子を展開。誰もが懐かしさを覚える“ザ・昭和テイスト”溢れるイラストをいち早く雑貨に取り入れ、みよちゃんと同じ顔をした男の子バージョンが登場するなど、キャラクターが定着していた。

通学バッグにつけて行きたいみよちゃん缶バッジ。

「筆記帳」という表現がすでに懐かしいノート。

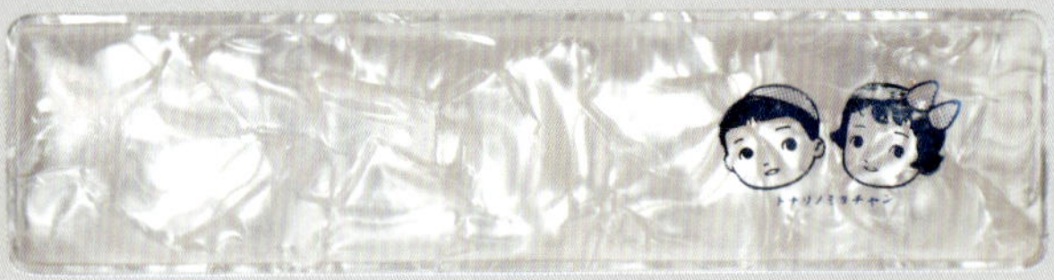

素材の懐かしさまでこだわったセルロイド製ペンケース。

謎の採点付きサイコロえんぴつ。アイデアが楽しい。

雑貨屋さんFILE
012
パラビオン
ノスタルジックと今をミックス

アパレルブランドとしても有名。フランス語でエアメールを意味する「パラビオン」という名の通り、どこか懐かしさのある独特なかわいらしさを秘めた雑貨と洋服を届けてくれる。

雑貨屋さんFILE
013
F.O.B COOP
ひとり暮らしの強い味方

生活雑貨からアクセサリー、洋服まで、素材・色・デザインのすべてがシンプルで気持ちのいいアイテムばかり。快適な暮らしを想像させる店内は居心地も抜群。キッチングッズも豊富で、ひとり暮らしを始める女の子の強い味方だった。

雑貨屋さんFILE
014
文化屋雑貨店
得した気分にしてくれる楽園

信じられないくらい安いのに、楽しくてセンスがいい雑貨屋の代表格。オリジナルの洋服やバッグなどを続々展開し、全国で人気爆発。名高いブランドのデザイナーたちが嫉妬するほど。洗練された上質な雑貨を安く買えるのは文化屋雑貨店だけ。

(左上)なんとも言えない表情をしている果物用フォーク。
(右上)魚のペンケース。このリアルさが堪らない!
(右下)エレガントな看護師シューズ。

雑貨屋さんFILE
015
ペンギンカフェ
こんな雑貨に囲まれて暮らしたい

パリのオシャレな雑貨屋さんを思わせるちょっぴり大人な空間が魅力の「ペンギンカフェ」は80%がオリジナル商品。大きなカフェオレ・カップなどのシンプルだけどアクセントの効いたデザインの食器類が人気だった。

金のフチ取りにペンギンマークというシンプルなデザインがかっこいい。

雑貨屋さんFILE
016
懐かし屋
日本人に生まれて良かった!

60年代の日本のキャラクター専門店。レトロチックなものがところ狭しと並ぶ店内はオリーブ少女には新鮮にうつった。『ひみつのアッコちゃん』から男の子が夢中になった怪獣、アニメの主題歌が収録されたレコードなど、マニアにはたまらない品揃えがピカイチだった。

雑貨屋さんFILE
017
私の部屋
シンプルなデザインで質の良いものを

“いつかこんな部屋に住みたい”という少女の夢と憧れが詰まったお店。伝統を重んじる本格志向で、使えば使うほど愛着の湧くような質のよいものだけを扱う。毎日の生活が楽しく彩られるような雑貨がいっぱい。

chapter 4

少女の憧れ、ロマンティック

ROMANTIC STYLE, LONGING OF TEENAGE GIRLS

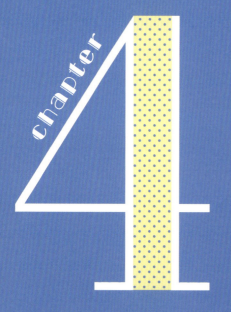

MILK

70年、デザイナーの大川ひとみによって創立。原宿のファッションカルチャーを牽引しガーリースタイルの源流を創ったとも言われる。少女と大人が混在するロマンティックなアイテムを独自の世界観で展開。クラシカルなテイストからかわいいだけじゃおさまらないスパイスの効いたデザインが魅力。

「MILK '90AUTUMN & WINTER」より
少女っぽさに大人の刺激的なエッセンスが散りばめられている90年秋冬の「MILK」の広告。

83年頃、奇抜で個性的なニューウェーブ、ダンスウェアやスウェットといった元気いっぱいのスポーツファッション、クールでかっこいいハウスマヌカン風「カラス族」といったトレンドがひと段落すると、それまでとは相反する流れを持つロマンティックなファッションに人気が集中するようになった。とくにイノセントな少女たちにウケたのがレースやリボンブームにはじまり、繊細なフリル使いのレイヤードコーデや大きくてまるい襟のモチーフにパフスリーブ、優美なフローラルプリントや水玉模様を使ったガーリーなものだった。

HIROMICHI NAKANO VIVAYOU

「HIROMICHI NAKANO VIVAYOU AUTOMNE HIVER 86 / 87」より　撮影：JEAN-JACQUES CASTRES（P58～P61）

「VIVAYOU」は、77年に創立された「サンエー・インターナショナル」初のファッションブランド。トレンドに敏感で自分らしさを大事にする女性をターゲットとし、その時代感を彷彿とさせるデザインとコーディネイトをセクシー・ロック・キュートに表現。80年代には中野裕通がチーフデザイナーとなり、一躍人気に。

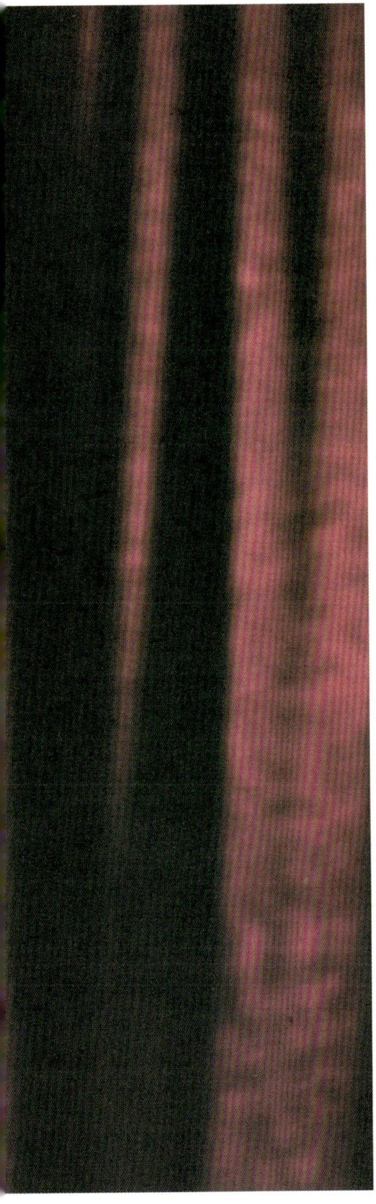

「異なる素材をうまくボディ・フィットさせたシルエット」がテーマだった86年・87年秋冬。

超ロングなランタンスリーブのフリンジ付きジャケットはウエスタンの香り。
当時のコレクションのフィナーレを飾った。

「HIROMICHI NAKANO VIVAYOU AUTOMNE HIVER 86 / 87」より

HIROMICHI NAKANO VIVAYOU

落ち着いた配色のセットアップに、質感のまったく違う素材を組み合わせて個性を演出。ボーイッシュになりすぎないのがポイント。

当時ブームだったお嬢様ルックも中野裕通のアレンジが加わるとコケティッシュな魅力が炸裂。
繊細なストライプ柄のテキスタイルが効いた大胆なハイウエスト・プリーツスカートは憧れの１着だった。

HIROMICHI NAKANO VIVAYOU

「HIROMICHI NAKANO VIVAYOU Collection Automne Hiver 87/88」より 撮影：MARIO TESTINO（P62〜P67）

ブランドの個性が存分に発揮された87年・88年秋冬は、白いブラウスが基本スタイル。襟のインパクトにも負けない、丸っこいフォルムが愛しい。

インパクト大の大きなラウンド・カラーとカフス。美しいプリーツの入ったショートパンツとのバランスが絶妙。

HIROMICHI NAKANO VIVAYOU

「HIROMICHI NAKANO VIVAYOU Collection Automne Hiver 87/88」より

（左）ネックに自然となじむカラーデザイン。シンプルかと思いきや、
ひと癖もふた癖もあるのが中野裕通が作り出すＶＩＶＡＹＯＵだった。

（右）２匹の犬がプリントされたシャツを際立たせるカッティングがユニークでエレガントなワンピース。

「HIROMICHI NAKANO VIVAYOU Collection Automne Hiver 87/88」より

HIROMICHI NAKANO VIVAYOU

ブレードを入れたテーラードカラージャケットにニッカーボッカーズスタイルのパンツスーツがクール。
ウールギャバジンの生地が上品さをプラス。

コットンピケ生地のブラウスに、重なり合う3つの襟のハーモニーが美しいワンピコート。

POU DOU DOU vingt-trois

「POU DOU DOU vingt-trois」はショップ型トータルキャラクターブランドとして、82年に創立。pou dou dou=フランス語で鳥の鳴き声、vingt-trois=ターゲットが19〜23歳という意味。都会的でありながら、ぬくもりとやさしさを感じさせるスタイルが特徴。

「'86 Autumn and Winter CATALOG」より ©POU DOU DOU vingt-trois

（左）2種類のチェック柄のミックスが新鮮だった86年秋冬。モノトーンでまとめることでクリーンかつ上品な印象。

（右）ふんわり大きなフリルネックがクラシカルでガーリーな仕上がりに。

POU DOU DOU vingt-trois

「'86 Spring collection INVITATION」より ©POU DOU DOU vingt-trois
白と黒の水玉柄が織りなすコントラストとフリルのレイヤードにうっとりするコーディネイト。きっちりしたアイテムに、フリルなどロマンチックな要素をプラスするのが86年春のテーマだった。

『繊研新聞』（株式会社繊研新聞社／86年）より ©POU DOU DOU vingt-trois
（右）フリル、水玉模様、パールボタンといった女の子の憧れを詰め込んだ上品なアイテムをウエスタン風に。着こなし方で印象がガラッと変わるアイテム。

HIROMICHI NAKANO

「HIROMICHI NAKANO」は、「VIVAYOU」のデザイナーである中野裕通による新ブランドとして、84年に誕生。ターゲット層がVIVAYOUより高めだったため、オリーブ少女系ブランドのお姉さん的存在に。素材も麻やシルクなど高級なものが多く、大人っぽいテーマカラーも背伸びしたい女の子の憧れだった。

「HIROMICHI NAKANO」より

（左）バックから見たウエストからのカッティングが美しいロング・ワンピコート。

（右）アースカラーでナチュラルなスタイルながらイージーなシルエットで上品さを演出。

HIROMICHI NAKANO

「HIROMICHI NAKANO COLLECTION」より　撮影：STEPHANE SEDNAOUI（P74~P77）

88年春夏の花々溢れるポップなコレクション。ロンドンで見かけたリボンと花のついたカンカン帽をヒントにイメージを膨らませたもの。イメージビジュアルは気鋭のクリエイターによるアートディレクションでシュールな印象に。

HIROMICHI NAKANO

「HIROMICHI NAKANO COLLECTION」より

88年春夏。幅広のベルトやジャージー素材で少女から大人の女性へ変化したコレクション。
現代的なアレンジとユーモア溢れるアートワークを展開。

INTERVIEW

HIROMICHI NAKANO VIVAYOU／
HIROMICHI NAKANO デザイナー
中野裕通さんインタビュー

ファッションに敏感な女の子を虜にしたブランド

DCブランドを代表する「VIVAYOU」と、自身の名前がついた「HIROMICHI NAKANO」（以下、ヒロミチナカノ）、ふたつの伝説的ブランドのデザイナーとして知られる中野裕通さん。80年代、90年代、そして現代を駆け抜け、今もなお服づくりを続ける中野さんに、ファッションに興味を持ったきっかけから自身のキャリア、そして服づくりのこだわりまで語ってもらった。

東京への憧れをエネルギーに

──ファッション業界に興味を持ったのはいつ頃からですか？

中野　ファッション業界というか、おしゃれに興味を持ち始めたのは、学生のときで『丸井』がVANを売り出していた頃ですね。子どもの頃から東京と地方の格差は強く感じていて、それがファッションへの憧れとなり、自分の原動力になっていると思います。上京してからはBIGIに惹かれました。表参道の教会の中にある洞窟のようなブティックで、ばらの花の刺繍のパンタロンが素敵でした。メルローズの手編みに近いニットも印象に残っています。あと、マドモアゼルノンノン。当時は店員さんが気に入った人にしか売ってくれなくて、少し敷居が高い感じがよかったですね。

──地元・宮城の進学校を卒業されてから72年にニコルに入社、その後76年にBIGI、81年にはサンエー・インターナショナルに移られました。それぞれのきっかけについて教えてください。

中野　原宿の予備校に行くために上京したんですが、当時は学生運動が盛んで原宿も危ないので、周辺のお店が閉店するほどでした。そんな状態を見ると、大学進学はどうでもよくなり、ファッション系の人たちが行き交う「神宮前で働きたい」という気持ちが強くなっていきました。そこで、当時名前を知っていたブランドのデザイナーに手紙を書いたんです。そしたらニコルから返事が届き入社が決まりました。周りは大半が文化服装学院出身だった

コレクションのバービー人形に囲まれて。後ろの黒いウサギは中野さんが手掛けたおもちゃのブランド「HIROMICHI NAKANO COLLECTION」のぬいぐるみ。

中野さんがデザインしたジェニー人形の洋服。87年に発売された『おしゃれスタシオン －VIVAYOU-』（講談社）より。
撮影：武井哲史

けど、私はファッションのことなんてまったく勉強していなかったし、実際どんな仕事をしているのか全然知りませんでした。まっさらな状態の中、ニコルで初めて洋服のつくり方を教えてもらったんです。
その後、雑貨屋で知り合った人に声をかけられ、事業を手伝うことに。ニコルを退社しパリへと渡ると、事業は成功したけど、手持ちのお金がなくなって3ヵ月で帰国。改めて仕事を探そうと見よう見まねで描いたデッサン画をもってMILKを受けました。すると、「このデッサンは、うちではなくてBIGIがいいと思う」と言われ、BIGIを受けることに。忙しいから待ってほしいと言われるも、生活のことがあったので、事情を伝えると「じゃあ、明日から来て」ということで入社しました。当時は狭き門だったと思いますが、若さでどうにかくぐり抜けることができましたね。それが25歳のとき。そこから5年BIGIで働き、転職したサンエー・インターナショナルでVIVAYOUのチーフデザイナーを任されたんです。

テーマは一貫して少女の心を宿した服

──VIVAYOU、そして84年に立ち上げたヒロミチナカノブランドはたくさんの女の子に愛されましたが、コンセプトや独立のきっかけはなんだったのでしょう？

中野　VIVAYOUは、当時ロンドンで大流行していたブランド「BIBA」と「VIVA」（万歳）、そしてチームを率いていた責任者のニックネームをかけて命名したと言われています。体質的には「BIGIをめざせ！」といった感じでした。それからVIVAYOU自体がブランド力を強くしていくという方向になり、さらにマスの中のマスの存在になるには、もっと癖の強いブランドが必要ということで、ヒロミチナカノができました。ちょうどそのとき、小泉今日子さんと出会い、彼女の持っているイメージとヒロミチナカノのイメージを勝手に重ね合わせていましたね。業種は違えど、彼女のことはライバルだと思っていました。『NHK紅白歌合戦』（NHK）や『夜のヒットスタジオ』（フジテレビ系）に出演するときの衣装をつくらせてもらったり、カリスマアイドルだった彼女に、自分の存在感を大きくしてもらったと思っています。
それから、イメージを膨らませる上で、元『Olive』編集長の淀川美代子さんとの出会いも大きかったですね。『Olive』が描くオリーブ少女とのイメージを共有していました。女性になりきっていない少女から女性の中間地点、不思議な少女たちを頭に置いてつくるようにしていました。アパレルブランドでは、大抵コレクション毎にテーマを変えますが、私は一貫して少女の心を宿した服をつくることを考えていました。

86年、中野さんがライバルという小泉今日子さんとの2ショット。『夜のヒットスタジオ』に出演した際に撮影した貴重な1枚。
写真提供／中野裕通

――服づくりに対して影響を与えたものや、影響を受けた人について教えてください。

中野　映画とバービードールかな。映画は、ゴダールの『中国女』『勝手にしやがれ』、ナボコフの『ロリータ』。ジーンセバーグや、『ローマの休日』『麗しのサブリナ』のオードリー・ヘプバーンに影響を受けました。バービードールは、1stバービー、2ndバービー、3rdバービー、それらの服を見ているとデザインのこだわりが見えてくるんです。ヘアスタイル、めがね、イヤリング、服、ベルト、小物、すべてにです。その人のすべてが内包されていて、つくり手のこだわりを感じられるので好きなんですよね。一番影響を受けた人は、菊池武夫先生で、BIGIで最後に面接してもらった方なんです。私にとって“ポップスター”そのものでした。

――デザインをするときに大事にしていることは何でしょう？　また、その発想はどこからくるのでしょうか？

中野　“顔”ですかね。「この娘《こ》いい顔してる」と思うと服もよくなる。（絵は）下手なんだけど、顔が大事です。デザインの発想は、この娘だったら、朝昼夜それぞれどんな格好をしているか、何を食べて、ヘアスタイルはどんな感じかなど、あらゆるディテールを想像します。今は少なくなってきているファッションヴィクティム（常に流行のファッションを身に付けることに夢中になっている人）、その人の服のこだわりはどこにあるかということを考えながらつくっています。

最終的にファッションを完成させるのは着る人

――服づくりのこだわりは？

中野　一歩手前で止めることですね。その人なりの着方が入ってファッションは初めて完成するんです。その人が表せる着崩しを大切にします。そのためにも着せてみて好きか嫌いかを聞きます。好きでこそ、それ以上に着こなすことができるから。それこそ、小泉今日子さんは、こちらで想定した以上の着方をできる人でした。彼女は背が高いほうではないですが、176㎝ぐらいのモデルに合わせて作った服でも、袖や丈の長さが、彼女の味方をするんです。大きい服を着こなせる人は増えたかもしれませんが、服を味方につけて、176㎝のモデルに対抗できる力を持っている人はなかなかいません。この人は未来性を感じさせる人だなと思いました。

――90年代は『浅草橋ヤング洋品店』（テレビ東京系）にテレビ出演されるなど新しい仕事の幅を広げられました、その後、仕事の考え方など変わったことはありますか？

中野　独立後、テリー伊藤さんと会ったことがきっかけで出演することになりました。今まで見たことがない人がいっぱいいましたね。なんでもいいから彼が今やっている仕事をやってみたいと思ったんです。会社に所属していたらできなかったけど、そういうしがらみがなかったので、できたことがいっぱいあります。

――中野さんにとって、ヒロミチナカノとはずばりなんでしょう？

中野　50年前からアトリエにかけてある服。そのイメージをまだ追っています。

――読者へメッセージをお願いします。

中野　こだわりのない服がかっこいいというのは間違った考えだと思います。こだわりのない服は捨てよう。捨てられない服を持とう。私は50年前からドレスが好きで、まったく捨てられない。でも、きちんとつくってあれば新しい服も好きです。服の上で死にたいと思っている“HIROMICHI NAKANO AS ファッションヴィクティム”より。

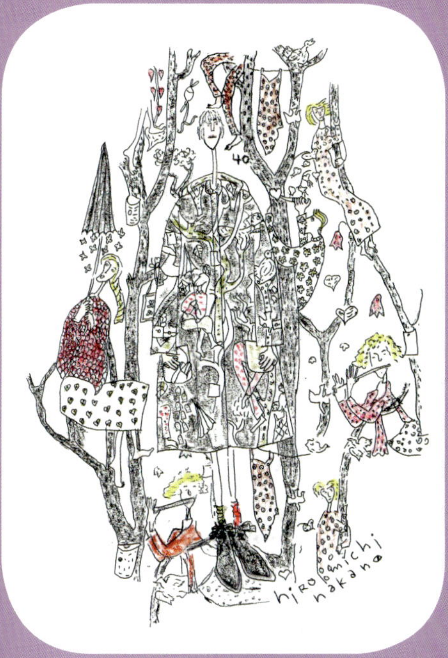

本書のために描きおろしてくださったデザイン画
（上）中野さんが敬愛する北欧を代表するデザイナー、スティグ・リンドベリのテキスタイルを組み合わせて、いつか作ってみたいと思っている洋服のデザイン。（左）オペラ座で踊ることを夢みるバレリーナが着ている白いシャツをイメージしたもの。

COLUMN

めくるめく ビューティコスメの世界

「もっとかわいくなりたい!」「あの人を振り向かせたい!」そんな願いを叶えてくれるのが、キラキラ輝くビューティコスメ。オシャレが大好きな女の子たちは当時の流行を先取りしたコスメやヘアメイクをいつもチェック。パッケージまでもがかわいいコスメたちと心がときめく広告を振り返る!

資生堂シャワーコロン
資生堂/83年
「朝露少女」というキャッチコピーと共に武田久美子がイメージモデルに起用された。(左からジャスミンの香り、すずらんの香り)

ファンシーなネーミング、まるでおもちゃや雑貨のようなパッケージ、80年代のビューティコスメたちは見た目がかわいくワクワクドキドキできる装備が整っている。何十年経っても色褪せぬかわいらしさ、当時の人気商品への復刻を求むラブコールは後を絶たず……! そんなコスメを、さらに憧れのものにしたのが、テレビCMやティーン誌に載っていた広告だ。80年には、資生堂の「ベネフィーク」のCMに起用された竹内まりやが歌う「不思議なピーチパイ」、カネボウの「レディ80」のCMに起用された渡辺真知子が歌う「唇よ、熱く君を語れ」の2曲が、共に歌番組『ザ・ベストテン』(TBS系)でベスト10入りするという印象的な出来事もあった。

花の82年デビュー組の早見 優の「ヘアコロンシャンプー」(資生堂)、小泉今日子の「スーパーマイルドシャンプー」(資生堂)、『スケバン刑事』で人気を博した浅香 唯の「PSSST!」(カネボウ)など、絶大な人気を誇るアイドルの広告はシリーズとして展開されるものも多かった。当時のティーンたちはそんなアイドルに少しでも近づきたくて、ファッションやヘアメイクを真似したのだ。

プペハウス
ときめきコロン
小林コーセー（現：コーセー）／85年
名前の通り、少し背伸びした大人の色気を感じる黒ボトル。乙女心をくすぐるシリーズ。（左からヒアソビ、ユウワク）

ピュセル・コロンまる
マンダム／85年
グレープの香りの他にストロベリーやシャワーライム、フレッシュオレンジなどがあった。（グレープ）

プペハウス
ときめきコロン
小林コーセー
（現：コーセー）／85年
気分に合わせて選べ、思わず失神しそうなネーミングのかわいさにもシビれる！（左からおすまし、ドキドキ、あこがれ）

ビバーチェ
パウダーコロン
資生堂／93年
ほのかな香りが人気だった「ビバーチェ」。NOKKOが歌うCM曲も印象的。（左からベビーフローラル、シャワーシトラス、ウォーターグリーン）

資生堂シャワーコロン
資生堂／85年
ゆらゆら揺れるピンがかわいい。その後、キノコの形や多面体なども発売された。（ミントの風、シャボンの風）

初めて
あなたと
風の仲
新発売

資生堂シャワーコロン、資生堂バーミーウインド
資生堂／85年／ポスターモデル：菊池桃子／撮影：金戸聰明
爽やかな風を感じるような清楚なファッションでシャボン玉に包まれた菊池桃子。じっと見つめられると吸い込まれそう！

資生堂ティアラ
資生堂／80年〜
80年代らしいパステルカラーのパッケージがかわいい。（左からダメージヘアシャンプー、ダメージヘアリンス、ノーマルヘアシャンプー、ヘアトニック、トリートメントローション）

シルクレディブローコロン シャンプー &リンス
カネボウホームプロダクツ（現：クラシエホームプロダクツ）／85年頃
キャッチコピーは「LET'S BEGIN! 香りのキッス」。ブロー後でも香りが続くことで人気のシャンプー。（左からフローラル、フルーティ）

ソフトインワン
ライオン／89年〜
これ1本で、ちゃんとリンスしてくれるシャンプーの略「ちゃんリンシャン」でもおなじみ。（左からサラサラタイプ、しっとりタイプ）

資生堂バブルポップ
資生堂／84年
わっかの部分を引っ掛けられるという実用的なパッケージデザインも◎。（左からライムシャーベット、スイートフローラル、ペパーミントサワー）

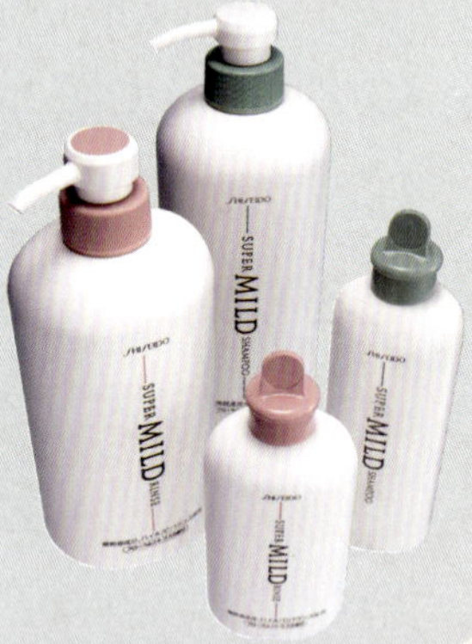

資生堂スーパーマイルド シャンプー &リンス
資生堂／88年〜
それまでのシャンプーとはガラッと変わり、洗練されたシンプルなデザインと小泉今日子のCMで大ヒット。（左からフローラルシトラス、フローラルグリーン）

ハッピーバスディ シリーズ
小林コーセー（現：コーセー）／89年〜
バラの香りでゴージャスな気分を味わえるバスタイムのスキンケアとして人気に。（左からボディミルキィローション、シャワーソープ）

タコ・イカ・マンボウ
資生堂／89年（タコ・イカ）、90年（マンボウ）
使い終わったあとも持っていたくなる、かわいすぎるフォルム。言うまでもなく日焼けオイルがタコで日焼け止めがイカ！（左からタコイル、マンボウ リンスインシャンプー、イカスクリーン）

資生堂パーキージーン

資生堂／82年／ポスターモデル：仲澤真里／撮影：冨永民生

ブルーの差し色がファッションのポイント。坂本龍一の曲をバックに、モデルの仲澤真里の上をドーベルマンが飛び越えていくCMが斬新だった。

キスミーシャインリップ
伊勢半／84年
あまりの人気に校内への持ち込み禁止、学校近辺の店舗で販売禁止になるなど数々の伝説を残したリップシリーズ。（左からパステルパープル、ピンクトーン）

資生堂パーキージーン　カラースパイス
資生堂／86年
ペイズリー柄やエスニックがブームになった86年に発売。見た目だけでなく香りもエスニック。

小霧子
資生堂／88年
ボトルコロン・「霧子」よりも小さく、持ち運びしやすいパウダーコロン。ほんのりいい香り！
（左からシトラス、フローラル、ミント）

資生堂パーキージーン フィノ／フィノバカンス
資生堂／89年〜、91年
「パーキージーン」から、より大人向けのシリーズとして「フィノ」が登場。（左から時計回りにフィノ リップスティック、フィノバカンス リップスティック、フィノ マスカラ、フィノ アイカラー、フィノバカンス アイカラー、フィノ ネールエナメル）

MARY QUANT
カラーリッチリップスティック
マリークヮント コスメチックス／90年頃
個性の強いカラーには、「自分らしさを主張できるように」という願いが込められた。

MARY QUANT
リップミックス、リップコンパクト、コンパクトリップブラシ
マリークヮント コスメチックス／90年頃
花びらのような見た目がたまらない。好きな色を組み合わせられるのもうれしい！

クリーミィで、ソフトな春の口紅です。さらっと軽い春のほお紅です。
ピーチパイ
資生堂ベネフィーク グレイシィ リップスチック(E) 新発売5色・各2,500円
資生堂ベネフィーク グレイシィ ブラッシャー(F) 新発売2色・各3,000円
資生堂

資生堂ベネフィーク
資生堂／ 80年／ポスターモデル：マリアン／撮影：横須賀功光
レコードを帽子のように見立てる演出が小粋。春らしく色づいたマリアンが妖精のようにかわいい。

chapter

5

ティーンズパワー

TEENS’ POWER

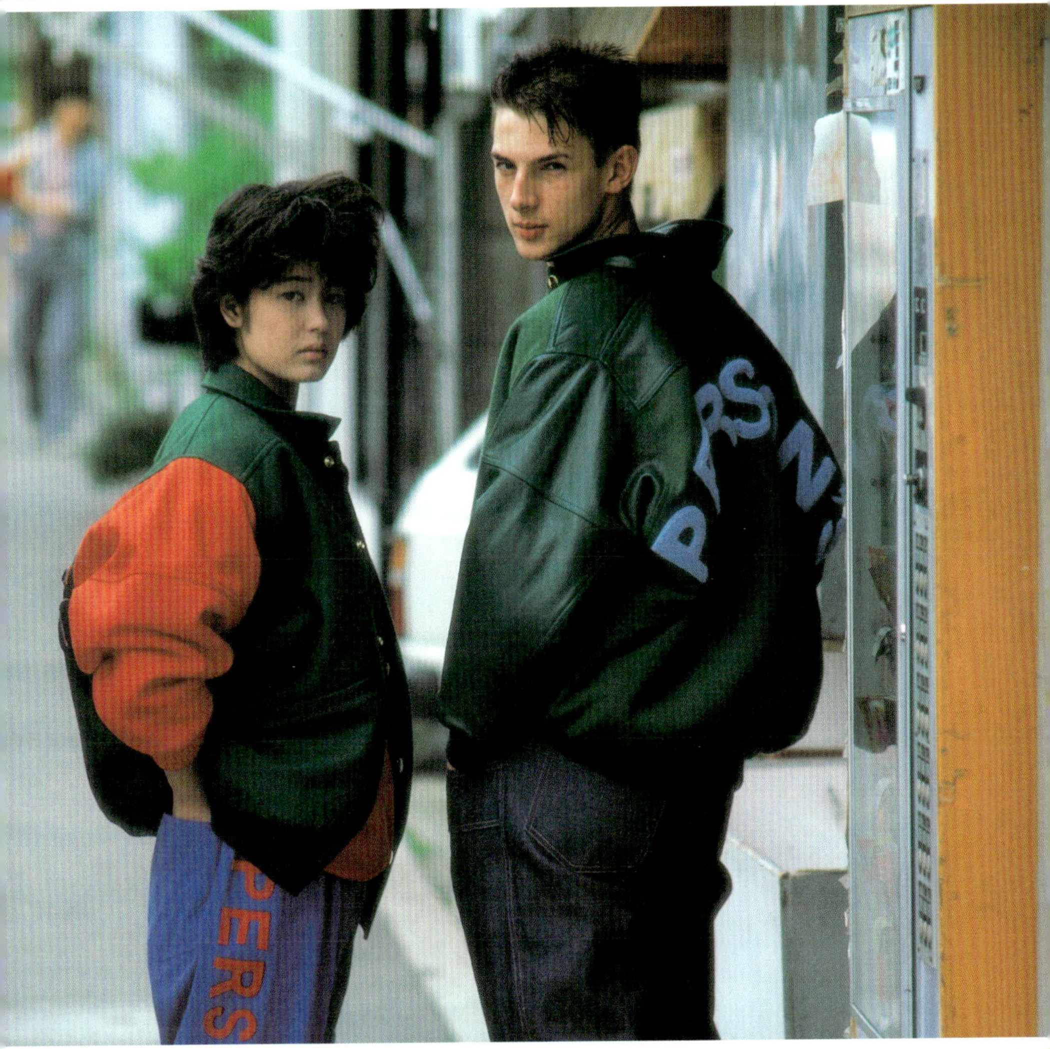

PERSON'S

PERSON'S「1983 FALL & WINTER COLLECTION」より
ビッグシルエットのスタジャンはレディース・メンズ共に大人気だった。

85～86年アイドル全盛期、動きやすさと着心地のよさを兼ね備えた元気でスポーティでパワフルなブランドが大流行。それまでの女性らしい繊細なものからガラリと変わり、メンズライクなビッグシルエットのものや、ロゴが大きくプリントされたものなど、自由で大胆なデザインと毎日を楽しく彩ってくれそうなカラフルな色合いに注目が集まった。とくにスタジャンやパーカの流行は著しく、素材や縫製、刺繍、防寒性にこだわったアイテムが人気ブランドから続々登場。フードをスタジャンの上から出した重ね着スタイルもこの時代を象徴する。

PERSON'S

「PERSON'S」は76年、岩崎隆弥によって創立。生活そのものをデザインするように、自由な発想で健康的なライフスタイルを送ってほしいという考えから作られたPERSON'Sには着ている人を明るく元気にしてくれるパワーがある。ルーズなものをルーズに感じさせないデザインが最大の武器。

「1984 SPRING & SUMMER COLLECTION／SUMMER COLLECTION／
FALL & WINTER COLLECTION／WINTER COLLECTION」より

84年コレクションはオールシーズン、カラフル×チェックに注目。友達とお揃いで出かけたくなるコーデがいっぱい。

「1986 SPRING & SUMMER COLLECTION／SUMMER COLLECTION／
FALL & WINTER COLLECTION／WINTER COLLECTION」より

“シンプル”と柄ものの組み合わせが新鮮な86年コレクション。

(右) 印象的なピンクをベースにしたコーディネイト。手書きタッチのロゴも登場。

PERSON'S

PERSON'S

「1987 SPRING & SUMMER COLLECTION／SUMMER COLLECTION／
FALL & WINTER COLLECTION／WINTER COLLECTION」より

ティーンズパワーが炸裂した87年コレクション。ガーリーな中に強さを秘めたデザインに惹きつけられる。

PERSON'S

「1989 SPRING & SUMMER COLLECTION／SUMMER COLLECTION／
FALL & WINTER COLLECTION／WINTER COLLECTION」より

(右) 89年コレクション。トレンドだった大ぶりのスカーフ使いがかっこいい。ヒョウ柄のファーがアクセントに。

ERSON'S
COLLECTI
CORNERS OF THE WORLD

落ち着いた配色なのにしっかり主張のある
ロゴワッペンがかっこいい。
「PERSON'S BOOK」より

くしゃくしゃっとした質感が
着心地の良さそうなパーカブルゾン。

エメラルドグリーンの発色と
ブランドロゴが際立つニットカーディガン。

- front -

襟のデザインがかわいいブルゾンも振り返れば、
もちろんPERSON'S！

- back -

レザーの使い方やボタン風に見立てた刺繍、
ポケットのデザインまで遊び心満載！

- back -

シンプルなデザインながら、真っ赤な刺繍
&ロゴワッペンで目を引くコーチジャケット。

BA-TSU CLUB

「BA-TSU CLUB」は、デザイナーの松本瑠樹によって71年に創立された「BA-TSU」の姉妹ブランドとして、86年に誕生。ブランド名のBA-TSUとは、“×”のこと。単なる否定ではなく、人々が価値を見出せなかったものの、生命を蘇らせるための発見「破壊と創造」を意味している。マリンルックなどの定番スタイルも、他にはない独自のデザインで展開し、人気を誇った。

「BA-TSU CLUB CATALOGUE, NICE SPRING&SUMMER 1988」より

88年春夏は、ネコがあしらわれた襟付きTシャツや、大きなリボンが特徴のシャツに定番のドットやストライプ、ボーダーなどをBA-TSU CLUBらしくアレンジした。

BA-TSU CLUB

「BA-TSU CLUB CATALOGUE, TOKYO SPRING&SUMMER 1989」より
89年春夏は、植物やリースを大胆にあしらったデザインに、涼しげなデニム生地を合わせたコーディネイト。冬っぽいモチーフをあえて春夏に合わせるのがユニーク。

「BA-TSU CLUB CATALOGUE, PARIS FALL&WINTER 1989」より
89年秋冬は、タータンチェックやペイズリー柄にトラッドな大きめジャケットを合わせて背伸びモード。
背中のフラワー柄がキュートなセーターの凝ったデザインにも注目。

WITH
THE SAME SWEET SMILE
THAT YOU
ALWAYS HAD...and
the same
blue EYES like the sun
ou're still the same girl!

「BA-TSU CLUB CATALOGUE,N.Y. FALL&WINTER 1990」より

90年秋冬は、レザージャケットを着こなして気分はニューヨークのシティーガール風。スターモチーフでも、子どもっぽくならないのがBA-TSU CLUBならでは。

BA-TSU CLUB

BA-TSU CLUB

「BA-TSU CLUB CATALOGUE, L.A SPRING&SUMMER 1992」より
清涼感溢れる爽快な印象の92年春夏。ストライプ柄が特徴的なオーバーオールと
フロントやバックにブランドロゴが大きく入ったトレーナーは、着ているだけで元気になれる!

in L.A.

HOLLYWOOD FANTASY TOURS
HOLLYWOOD TOUR
BATSU CLUB
I'm feeling well now have brilliant expectations
BATSU CLUB

「BA-TSU CLUB CATALOGUE, L.A. SPRING&SUMMER 1992」より
92年の春夏は、ジャケットとショートパンツのセットアップでアメリカンスタイルに。

in L.A.
CHILI DOGS

SAILORS

「SAILORS」は79年、デザイナーの三浦静加が見つけた看板に描かれた水兵さんをヒントに、トレーナーを作ったことから誕生。とんねるずやおニャン子クラブなど、人気タレントが着たことをきっかけに爆発的ブームとなり、年商28億円を記録。元気なビタミンカラーやパステルカラーなど独特の配色が人気。

デザイナーの三浦静加がSAILORSを愛したマイケル・ジャクソンに贈った伝説の「魔異蹴留」刺繍入りスタジャン。

バラエティ番組『夕やけニャンニャン』（フジテレビ系）でおニャン子クラブが着用し、一躍人気を集めたSAILORSもまた、まさにファッション界のアイドル的存在だった。

写真：Renta UK/アフロ

世界のスターからも愛されてきたSAILORS。87年、マイケル・ジャクソンがマドンナとのデートの際に着用していたことも。三浦とマイケルは、来日するたびに会うほど交流は深かったという。

84年、渋谷・公園通りの路地裏にあったお店のオープン初日には1200人が来店。
その後も修学旅行客など、お小遣いを握りしめてやってくる若者で毎日長蛇の列だったという。

大きなVネックにボーダー柄を
重ね着しているように見えるTシャツ。
遊び心満載！

セーラーくんの背景にアメリカの国旗が
プリントされた人気Tシャツ。
配色がなんともオシャレ。

色の切り替えが絶妙な半袖スウェット。
このパステルカラー使いに少年少女は憧れたのだ。

チアリーダーの衣装風半袖スウェットは、
ななめの切り返しデザインがフレッシュ。

背筋がシャンとなるような色合いが
楽しいストライプのポロシャツ。

吸収力抜群の生地にこだわったポロシャツ。
ボタンの色がすべて違うところがポイント。

スポーティなデザインだけど、パステル調の色
味でかわいく着こなせるシャツ。

なんにでも合わせやすいサマーニット。
さりげないパイピングがSAILORSらしさを演出!!

SAILORS

ITEMS OF SAILORS

- back -

パッと目を引くオレンジの定番スタジャン。セーラーカラーに入った
筆記体調のロゴや袖の切り返しまでこだわりいっぱい。

袖口とウエストのパステルがかわいいブルゾンは
着心地が抜群。首元が立てられる仕様。

切り返しがユニークなタートルネック。
ファンの間では“黒”も人気！

カレッジスタイルを取り入れた
セーラーくんがポイントのVネックセーター。

Vネックのサマーニット。ラインの切り替えで
色っぽくなりすぎないのがSAILORS流。

ポケットのタグとさりげないセーラーくんの刺繍が粋なストライプシャツ。

何枚あっても便利なロールカラーのシンプルな1枚。ワンポイントのセーラーくんがアクセント。

ピンクの切り返しがキュートなトレーナー。同じデザインのTシャツも人気だった。

3本ラインがポイントの定番トレーナーは、人気アイテムのひとつ。

- front -

バックにセーラーズファミリーが勢揃いしたパーカ。ウエストにもひもが付いてるからアレンジもいろいろ。

SAILORS ITEMS OF SAILORS

元気いっぱいのタンクトップ。91年の力士大運動会では全力士がこのタンクトップを着用した。重ね着にも大活躍。

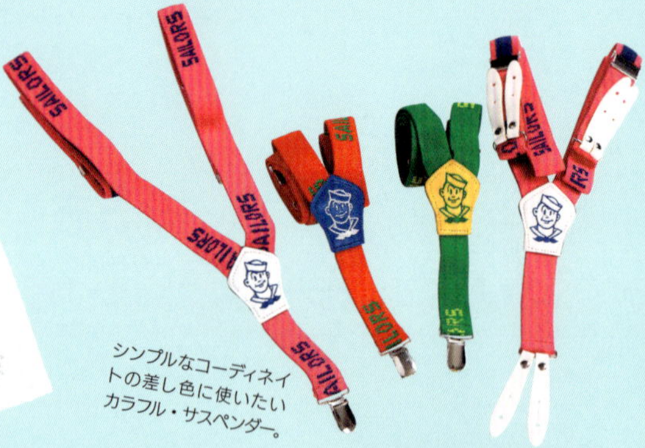

シンプルなコーディネイトの差し色に使いたいカラフル・サスペンダー。

水着の上に着られるパイル地のセットアップ。SAILORSを着てプールサイドや浜辺を歩きたい!

太めのセンターラインがオシャレなソックス。

鮮やかな色の組み合わせや素材選びまでこだわりを感じるバッグの数々。

ブルー×グレーのストライプがクールな
水着はセーラーくんとの相性バッチリ！

ウェットスーツまで作ってしまうブランドは
なかなかお目にかかれないかもしれない。

料理するのが楽しくなりそうな
色違いのポケットがかわいいエプロン。

お部屋が一気にオシャレになる
ＳＡＩＬＯＲＳのスリッパ。

INTERVIEW

SAILORSオーナー兼デザイナー
三浦静加さんインタビュー

憧れであり続けたセーラーズ

79年に水兵さんのマークのトレーナーをつくったところから「SAILORS」（以下、セーラーズ）の伝説は始まる。鮮やかなパステルカラーに、唇をきゅっと結んだ男の子がトレードマーク。一度見たら忘れられない印象的なアイテムは、80年代のアイコンともいえる時代を象徴するファッションブランドとなった。10代の若者から世界のマイケル・ジャクソンをも虜にしたその魅力について、デザインから販売、経営までひとりでこなす三浦静加さんが今語る──。

取材・文＝村上由恵

世界にひとつしかないものに人は憧れる

── 80年代の若い人たちは、おニャン子クラブが着ていたセーラーズを見て「わたしも欲しい」と夢中になりました。どのようにしてセーラーズは生まれたのでしょうか？

三浦　渋谷にお店をオープンする前に、江古田でジーンズショップをやっていたんです。近隣の学生さんや近所の人が駄菓子屋に立ち寄るような感覚でいつも遊びに来てくれていました。そこでジーンズに、名前の刺繍をしてあげたんです。そしたら、それがとても評判がよくて、人は世界にひとつしかないものを欲しがるんだなと感じました。その経験は、1アイテムにつき同じデザインは各サイズ・各色2〜3枚しかつくらないという、セーラーズの理念に生きています。

SAILORSせいり券

このカードは本日1回限りのあなたのカラーです
15才以下の方のご来店は保護者同伴にてお願い致します

本日はご来店誠にありがとうございました。
入店制限なんて本当に申し訳ございません。…………ごめんなさい。
セーラーズを愛して下さる方にはゆっくり心ゆくまでお買物をしていただきたいと…………思っております。ただ事故が起きてはとの苦肉の策。GOODなアイデア募集!!
STAFFは1つ1つ大切に1種類1サイズ5〜8枚位を基準に作っております。確かに沢山作れば、あれがほしかったのに…………なんて淋しい言葉をきかずにすみますが誰もかれも同じのを…………いやなのです。我ママをお許し下さい。

セーラーズは世界で一店

↑店内の見取図

☆セーラーズマーク

	アカ	ピンク	ミドリ
	Free size	2size	3size
女性	ゆったりめ	9〜11号	11〜13号
男性	S→M→L	S〜M	M〜L

＊子供用 → 袋から出してネ！

商品には最善の注意をはらっておりますので不良品以外の返品返金、交換は出来ませんので、ご了承下さいませ。

値段は点数制

1点➡100エン換算

お1人様1回10万円までとさせていただきます。

これからもSTAFF一同心をこめて手作り商品造りにがんばりますのでセーラーズを愛して下さいネ!!

我ママ社長より

SAILORS

セーラーズ STAFF 一同

当時お客さんに配られていた整理券。店内の地図やサイズ情報に加えて、三浦さんからのメッセージがたくさんこめられている。

──トレードマークであるセーラーくんとの出会いについて教えてください。

三浦　たまたま入った下北沢の古道具屋さんで、90年ほど前のアメリカ海軍の潜水艦のトイレに掛けられていた看板が目に入ったんです。なんとなく気になって購入し、お店に飾ったところ、学生さんたちにも人気が出てきた。それをもとにトレーナーをつくってみたところ、あっという間に売れたんです。それから人生が180度変わったので、本当に運命の出会いでしたね。そして、ファッション誌『JJ』（光文社／82年8月号）が初めてセーラーズを取り上げてくれて、全国的に広まっていきました。

──おニャン子クラブの衣装をつくることになったのには、どういった経緯があったのでしょうか？

渋谷にあったセーラーズのお店。総面積わずか9坪のこの場所から数々の伝説が生まれた。

三浦　映画パーソナリティーの友人・クロがセーラーズを着てテレビ出演してくれたんです。そしたら共演者のとんねるずや西城秀樹さんが欲しがってくれて、芸能界にセーラーズを好きな人が増えていった。その流れもあって『夕やけニャンニャン』（フジテレビ系）のディレクターさんからおニャン子クラブの衣装にセーラーズを使わせてくれないかというオファーがあったんです。生地にこだわってつくっていたので大量生産できないし、断ろうと思ったんですけど、事前に女の子たちのVTRを見せてもらったら、みんな黒い服を着ていて、暗いイメージだったのが気になり、ディレクターさんの熱意もあってやることになりました。といっても予算は限られているし、今ある商品の組み合わせでしかつくれない。そこで、セーラーズのマークが大きく入った袖なしのパーカに男物のトランクスを合わせました。女の子が履くと健康的なショートパンツに見えたんですね。

── 素晴らしい機転の利かせ方です。そうやっておニャン子ブームと一緒にセーラーズも爆発的人気になっていくわけですね。

三浦　そうですね。あまりにも売れていくものだから、セーラーズでは、ほとんど在庫を持ってなかったんです。納品されたら、すぐに店頭に並べて、気が付くとそのままなくなっちゃう。でも、お店は渋谷にしかないから、全国から人が押し寄せる。頻繁に「セーラーズのお店はどこですか?」と場所の問い合わせがあって、交番の前に「お店の場所がわかる地図を置いて」と言われるほどでした。9坪しかないお店に1日平均2000人が来店していたので、お店の熱気は異様でしたね。

── それで入店は40人ずつ、15分の入れ替え制というルールがつくられるんですね。

三浦　そうなんです。買い占められると困るから「ひとりにつき15万円まで」。東京観光として、修学旅行生もたくさん来てくれましたね。休日は行列になってしまうので、平日に学校を休んで来るような子もいたりして、それはよくないということで「15歳以下は保護者同伴」というルールもつくりました。

広がるセーラーズの輪

──そんな人気絶頂のセーラーズに、世界中を熱狂させていたマイケル・ジャクソンから依頼が舞い込みます。三浦さんが当時マイケルを知らなかったのは本当なんでしょうか?

三浦　本当なんです。とにかく19歳でお店を始めて無我夢中で走っていたから、テレビもほとんど観てなくて店の従業員に呆れられたぐらいです。依頼のきっかけは、日本で起きた幼児を巻き込んだ事件に心を痛めたマイケルが犯人逮捕に協力したいと申し出たことから始まって、ツアーを主催していたスタッフが「今、若者に人気のあるセーラーズの服にメッセージを書いて、それを着て犯人探しに協力したらどうだろう?」と言ってくれたんです。でも「納期は3日」「革製品やウールは使わないで欲しい」など、とにかく条件が厳しすぎて。でも店長に「絶対にやったほうがいい」と説得されて、各工場の社長にも事情を説明すると「やりましょう! 何がなんでも間に合わせます」って言ってもらえた。なんとか完成したジャンパーをマイケルに持っていくと、とても気に入ってくれて、それから来日するたびに会うようになって嬉しかったですね。

──マイケルを皮切りに、世界中のビッグスターたちがセーラーズのアイテムを欲しがったそうですね。

三浦　横のつながりがあるんですかね。わたしが商売根性で付き合っていたわけじゃないことがよかったのか、自然と人脈が広がっていくのは不思議でした。スティーヴィー・ワンダーやホイットニー・ヒューストン、アーノルド・シュワルツェネッガー、ジャッキー・チェン、シルベスター・スタローンなど、そうそうたるスターにセーラーズを着てもらいました。スティーヴィー・ワンダーのお兄さんであり社長のミルトン・ハダウェイからプロポーズされたこともありましたね(笑)。周りに「第2のオノ・ヨーコになれ」なんて言われてました。

──国境をも超えて愛されるセーラーズの魅力とはなんだと思いますか?

(上)「魔異蹴留」と書かれたスタジャンはマイケル一番のお気に入り。2019年には期間限定で完全復刻して話題に。
(下)圧倒的な歌唱力で世界を魅了するスティーヴィー・ワンダーとの2ショット。「すてぃびぃ」という刺繍をとても喜んでくれたのだとか。

三浦　なんでしょうね。やっぱり、わたしがあまりにも芸能界やマスコミを知らなさすぎたのがよかったのかな。洋服をデザインするときもそうだけど、変に計算とかしないでどうやったらみんなが喜んでくれるかを考えるのがすごく好きなんです。そんな気持ちがみなさんに受け入れてもらえて、結果的に国境や年齢を超えていったのかもしれません。

── そんな中、セーラーズは突然閉店してしまい、衝撃が走りました。

三浦　1999年に長女を出産したのですが、脳性まひで「一生寝たきりになる可能性がある」と診断されたんです。仕事か娘かを選べと言われたら、迷わず娘を選びました。でも、その当時のことって記憶がすっぽり抜けてるんです。お店をたたむと決めたときに商品を詰め込んだ箱が今も倉庫にあるんですけど、何をどうやって持ってきたかわからない。それぐらいスパッと辞めてしまったんです。セーラーズを始めたときと同じで、進む道が決まるとそこに向かって突き進んでしまうんです。

── そこから十数年の月日を経て、2014年にラフォーレ原宿で開催された期間限定ショップでは1日の売上げが、それまでの期間限定ショップの売上げで歴代1位になるなど、大いに盛り上がりました。そして、2019年には『SPINNS』とオンラインショップで復活されるなど、ファンにはたまらないサプライズでした。

三浦　2014年の期間限定ショップでは、こんなにもたくさんの人が待ってくれていたんだとびっくりしました。小錦やふっくん（元シブがき隊の布川敏和）など、周りの人たちがサポートするからと言ってくれたのも大きかったですね。2019年から2020年にかけて、セーラーズはちょうど40周年の節目の年を迎えています。40年も経つことに、自分では気が付いてなかったんですけど、出版社から付録つきムック本のお話をいただいたり。ちょうど娘が20歳になるタイミングでお話をいただいたのも何かの縁ですし、わたしが働いている姿を娘にもちゃんと見せたいと思っています。

ビビッドピンクのビッグなセーラーくんの刺繍がインパクト絶大な化粧まわし。着用しているのは三浦さんと当時から親交の深い小錦氏。

これからのセーラーズ

── 今後セーラーズの商品を手に入れるチャンスはありますか？

三浦　そうですね。今すぐ「いつ」とは言えないですが、もっともっと多くの人にセーラーズを知ってもらいたいので、その方法を考えています。当時のお店の外観をそのまま復活させたお店もやりたいし、やりたいことが盛りだくさんで、考えるとワクワクドキドキ楽しいです。

── 親子でセーラーズを着て楽しむ方々も増えていますよね。世代を超えて愛されるブランドはなかなかないと思います。

三浦　そう、それがとっても嬉しいんです。期間限定ショップをやるときは毎日店頭に立っていたんですけど、「当時買えなかったので、今買えるようになって嬉しいです」とか、「両親が好きだったので懐かしい」「80年代のファッションが好きで来ました」など、いろんな世代の方が話しかけてくれることも嬉しかったですね。昔からファンの人も、若い人も新鮮に楽しんでくれる服をこれからもつくっていきたいなぁと70才近い今でも思っていますよ。こころはいつでも10代かな！

COLUMN

80年代×キャラクター×ファッション =おしゃれガールの方程式♡

文=昭和的ガーリー文化研究所　ゆかしなもん

アメカジ派もリセエンヌ派もモノトーン派も、おしゃれな女の子はみ～んなキャラが大好き！ 「フィリックス」大好きっ子でもある「ゆかしなもん」がティーンズファッションで人気だった忘れ得ぬ'80sキャラクターの世界を振り返る。

「フィリックス・ザ・キャット」のブローチ（86年）

手提げバッグ（88年）

'80sキャラクターズ
001

ピーナッツ（スヌーピー）

チャールズ・M・シュルツの漫画作品『ピーナッツ』に登場するオスのビーグル犬「スヌーピー」は、イケてる大学生に扮した「JOE COOL」など変装もお手のもの！ 70年代初頭からファミリアやサンリオの商品でブームに。

つい最近のこと。日比谷駅で見かけた制服姿の女の子が、「フィリックス」のリュックサックを背負っていた。「え？　アータはもしかして35年前のワ・タ・シ？」と、タイムリープものの映画のヒロインに一瞬なりかけたのは、あながち嘘ではない。「フィリックス」は80年代に爆発的な人気を呼んだアメリカ発の黒猫のキャラクター。85年には『Olive』（マガジンハウス）の表紙にも登場、「光GENJI」（87年デビュー）のメンバーが「フィリックス」のブローチ（上）を愛用していたりもした。当時のモノトーンブームもあって、スタイリッシュな黒猫はファッション界でも違和感なく受け入れられたのだ。↗

↘少女向けファッション誌『プチセブン』（小学館）の87年6号の特集の見出しはこうだ。「アメカジVSリセエンヌ」。ポップなアメリカンカジュアル&フランスの女学生風リセの2大潮流は、まるで「トシちゃんVSマッチ」のように人気を二分した。すでに日本でもアパレルが売られていた「ミッキーマウス」、「ドナルドダック」や「スヌーピー」はアメカジ系キャラクターの最古参。子どもの頃、アニメ（白黒）で観ていた「ベティーちゃん（ベティー ブープ）」も、カラフルなポップ・アイコンとして人気を博す。そして、当時の雑貨店では「バットマン」や「ディック・トレイシー」などのアメコミ系、緑色のフシギな「ガンビー」やおなじみ「セサミストリート」などインポートのキャラクターアパレルが売られはじめていた。一方で、

トレーナー（88年）

ハンドバッグ（88年）

スチールケース（88年）

'80sキャラクターズ 002

ベティー ブープ

アメリカの天才アニメーター、マックス・フライシャーによる、1930年のカートゥーン映画『Dizzy Dishes』でデビュー。真っ赤なリップ&オシャレなドレスに身を包んだ「ベティーちゃん」はセクシー&キュートなファッションアイコンとして日本でも大人気に♡

スクールバッグ（年代不明）

'80sキャラクターズ

003

OSAMU GOODS

イラストレーター・原田 治が「マザーグース」を題材にして生み出したオリジナルキャラクター。ハンプティ・ダンプティ、ジャック、ジルなどのポップでかわいいキャラクターは80年代の女子中高生を中心に人気となり、中でもスクールバッグ（写真左）は大ブームに！

ハンカチ（86年）

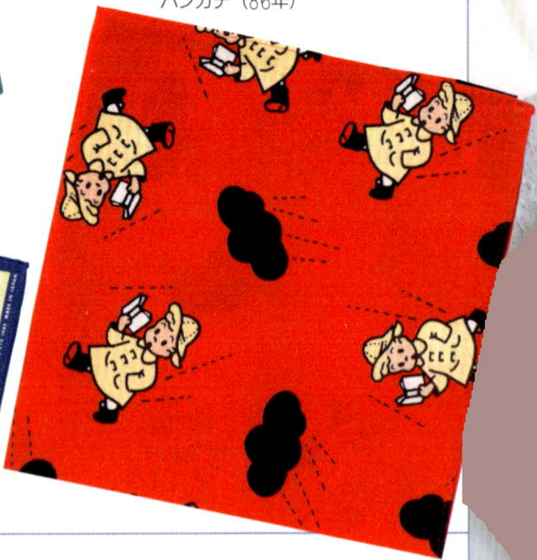

ナフキン（85年）

↘フレンチテイストなキャラクターの代表格が、ベルギー生まれの「タンタン」。くるっと前髪をカールさせたタンタンの髪型は、そのまんま当時のイケてる男子の間で流行！ その他にも、和製オシャレキャラクターの最高峰「OSAMU GOODS」や、アメリカ生まれのシックな「ファイド・ディド」などが、高感度なスクールガールたちに熱狂的に支持された。80年代の女の子たちは、流行のファッションの中にお気に入りのキャラクターをさりげな〜く組み合わせて、自分流のオシャレを楽しんでいたのだ。

PROFILE

昭和的ガーリー文化研究所　ゆかしなもん

主に'70〜'80Sの昭和ガーリーカルチャーを懐古＆発信する昭和的ガーリー文化研究所所長。近著に『'80S少女漫画ふろくコレクション』（グラフィック社）、他多数。

※P128、129、131の商品はすべて当時サンリオから発売。

トレーナー、ソックス、ぬいぐるみ（86年）

'80sキャラクターズ

004

フィリックス・ザ・キャット

1919年にアメリカのカートゥーン映画で主役デビュー、2019年には生誕100周年を迎えた。シックでオシャレ、しかもかわいい「フィリックス」のアパレルは、洋服や靴、バッグなど多数リリースされていた。日本では古くからガムのキャラクターとしてもおなじみ。

COLUMN

原宿・竹下通りのタレントショップ全盛期にタイムスリップ！

原宿といえば、竹下通り。竹下通りといえば、タレントショップ！というほど、熱気に満ち溢れていた80年代半にプレイバック。

写真提供：ときめき！ぺぱーみんとくらぶ、BOYA、ゆかしなもん

酒井法子「NORI・P・HOUSE」缶バッジ

デザイン豊富な「元テレ」グッズの中でも番組放送中期頃に発売されていた人気のデザイン。

人気のテレビ番組から派生したショップや、アイドル＆タレント自身がデザインしたりプロデュースしたショップなど、様々なタレントショップが原宿・竹下通りに軒を連ねていたよき時代。修学旅行生はもちろんのこと、田舎からタレントショップのグッズを買うためだけにお小遣いを握りしめて上京してくる人もわんさかいた。それは大行列に何時間だって並べるほど、ワクワクさせる魅力のあるものだった。

好きな番組やタレントのグッズを持ち歩くなんてナンセンスだと思う人もいるかもしれないが、当時はこれこそがオシャレだったのだ（当時の年齢にもよる）。何よりデザインのかわいいものが多く、30年以上の月日を経て今見てもむしろ新鮮である。

本書に紹介するグッズはごくごく一部だが、浅香 唯の「パルピティエ」や、梅宮辰夫の「梅宮辰夫の漬物本舗」、加藤 茶の「Cha!」、桑野信義の「くわまん本舗」、コロッケの「Mr. CROKET」、酒井法子の「NORI・P・HOUSE」、島崎俊郎の「俊郎商店」、タモリの「タモリワールド」、ダンプ松本と大森ゆかりの「ピンクトントン」、TMネットワークの「キャロル」、所ジョージの「TOKORO'S FACTORY」、布川敏和の「JEMMY'S」、松本伊代の「PiNK BUS」など、人気だったタレントショップは数えきれない。あの頃にタイムスリップできたらどんなに楽しいだろう。

トレーナー

Tシャツ

エプロン

タレントショップFILE
001

天才・たけしの元気が出るテレビ!!

元気が出るハウス

バラエティ番組『天才・たけしの元気が出るテレビ!!』(日本テレビ系)の人気コーナー「復興広告企画」で販売した商品が評判となり、そのノリから実際にお店をオープン。1日平均2000人が来店するほどの人気だった。

タレントショップFILE

002

田代まさし

MARCY'S

「夢を売る」がキャッチフレーズだったマーシーのお店。かっこよさとかわいさの両面を兼ね備えたデザインが男女問わず大人気！店頭に飾ってあった等身大マーシー人形との記念撮影の行列ができていたとか。

Tシャツ

ソックス

缶バッジ

エチケットコーム

絆創膏

キーホルダー

タレントショップFILE

003

山田邦子

KUNY

すいかが大好物な邦ちゃんこと、山田邦子が描いたすいかちゃんやクニーちゃんなどのキャラクターが、オシャレな女の子たちの間で大流行！「SONY」に対抗してつけたという店名のネーミングセンスも◎。

タレントショップFILE

○○4

とんねるず

VALENTINE'S HOUSE

とんねるずが司会を務める人気バラエティ番組『ねるとん紅鯨団』（フジテレビ系）のショップ。男の子と女の子が出会いを求めてやってくる!? ノリさんが描いたとんねるずのキャラクターとタカさんが描いたハートのデザインのグッズがいっぱいで毎日がバレンタイン気分♡

ミニハンドタオル

ハンカチ

缶バッジ

Tシャツ

ショップバッグ

chapter 6

ドメスティックブランド再熱

REVIVAL OF DOMESTIC BRANDS

I.S.

「I.S. '86-'87 FALL&WINTER COLLECTION」より
「シェイクハンド」をモチーフにした86年秋冬。
ロングスリーブのニットのフロントには握手をしている手のイラストが編み込まれている。

ニューウェーブやDCブランド、お嬢様ファッションにワンレンボディコン、渋カジ、フレカジ、キレカジなど、様々なファッションで盛り上がった80年代だが、バブル経済の崩壊でファッション業界も影響を受けた。以降もコギャルやサイケ、裏原、ゴスロリなど楽しい流行は待ち受けているのだが、本章で最初に紹介するのは、DCブランドブーム期より絶大なる人気を誇った「I.S. Chisato Tsumori Design」。チーフデザイナーだった津森千里は90年に独立し、平成という新たな時代の幕開けと共に「TSUMORI CHISATO」をスタートする。時代と共に変化しながら進化していくファッションの面白さに迫る。

I.S.

「I.S.」は77年、「イッセイスポーツ」のデザイナーとして就任した津森千里（のちに「TSUMORI CHISATO」を創立）によって83年に創立。“I.S. Chisato Tsumori Design”のロゴが大きくプリントされたブルゾン、スウェットはとくに人気が高く80年代に一大ブームを巻き起こした。

「86-'87 FALL & WINTER COLLECTION」より

86年・87年秋冬。当初は「世界の人たちがみんな仲良く手をつなぐ」というコンセプトを考えていた津森だが、それにこだわると理屈っぽくなるということで途中から軌道修正。一部顔のプリントや国旗が残ることになった。

I.S.

88年春夏は、〝ハワイ〟をテーマに明るい太陽の下で陽気に遊ぶ女の子を描いた。ゴーグルケースに収納されたワカメモチーフのサンダルなど、楽しいアイデアが詰まっている。

「I.S.'88 SPRING & SUMMER COLLECTION」より

「I.S. '88 SPRING & SUMMER COLLECTION」より

テキスタイルもサングラスやハットも、とにもかくにも88年の夏は全国でひまわりが大流行。上半身に大きく描かれたひまわりプリントは見ているだけでハッピーに！　その他トロピカルなリゾートドレスや、白いバラのレリーフニットなどが展開された。

「I.S. '89 SPRING & SUMMER COLLECTION」より

明るく元気な食卓がテーマの89年春。
紙ナプキンを組み合わせたドレスやテーブルクロスの帽子、ストライプのコック服など、楽しいアイデアが盛りだくさん!

I.S. ’89 SPRING & SUMMER COLLECTIO

I.S.

「I.S.'88-'89 AUTUMN & WINTER COLLECTION」より

88年・89年秋冬は津森千里自身の出産と育児のため、コレクションには参加せず展示会を実施。12月に出産したためテーマは「クリスマスとキリスト誕生」。星モチーフをたくさん使っても幼くなり過ぎないのがI.S.流。

「I.S. Automne et Hiver '89-'90」より

89年・90年秋冬は、カウチン風のニット、花柄、バンダナ柄など12のシーンで構成されたコレクションを展開。
ひとつの服の中にも柄がたくさん使用され華やかさが溢れる。

「春の花」がテーマの90年春夏。あじさいの帽子、レースモチーフのニットなど、ロマンティックでガーリーな世界観が炸裂。

「I.S. Spring and Summer '90」より

「I.S. Spring and Summer '90」より

個性とフェミニンの絶妙なバランス。プリーツの美しさはイッセイミヤケ・ブランドならでは！

桜の花が咲き誇った丸襟のブラウスに、ハッとするほどかわいいマドラスチェックを合わせたコーディネイト。

「ZUCCa 1988-2011」より
着心地のよい素材へのこだわりもZUCCaならでは。シンプルなのに飽きさせないデザインも人気。

ZUCCa

「ZUCCa」は88年、デザイナー小野塚秋良によって創立（ブランド名はデザイナー「オノヅカ」のニックネームから由来）。あらゆる装飾を捨て去り、基本に立ち還った服として衝撃的なデビューを飾った。コンセプトは〝着る人にも、見る人にも心地よく、日々に、新しいスパイスを加えるような日常着〟。

（右）キュートさ120％なウサギの耳をモチーフにしたニット帽は雑誌やCMでもたびたび登場した。

?

8 Sobre et smart. Savoir-faire japonais et détails subtils pour la première collection de Zucca, qui a fait ses armes chez Issey Miyake.

gnelli.

1 Grand
son spect
des Cham
le New Yo
rend hom
George B
programm
chorégrap
auxquelle
celles de
et Jérôme
danse est
partir du 1
2 Un tar
Balade ar
pas hésit
spectacle
Argentino
monde d'
Il se dans
(du 20 se
au 31 déc
chavirer l
Paris. Cla
le chorég
et Hector
metteur e
savent qu
long tang
3 Horac
de Mede
dans le d
mis en sc
Brigitte J
commenc
Müller (19

デザインの異なるチェック×チェックのセットアップは小物使いもアクセントに。

「ZUCCa 1988-2011」より

一見ユニセックスなアイテムもタックの上品さでエレガントに変化する。

TSUMORI CHISATO

「TSUMORI CHISATO」は90年、デザイナーの津森千里によって創立。津森が好きなもの、興味のあることを、自由な発想で素直に表現したブランド。ガーリーでセクシー、ファンタジックでユニークなスタイルは国内外問わず、熱狂的なファンが多い。柔らかな素材を使った服が多く、着心地のよさも人気の秘訣。

「TSUMORI CHISATO AUTOMNE HIVER 90-91」より

パッチワークやキルティング、アップリケなどが多用された90年・91年秋冬。ジンジャーマンのニットが冬を楽しくさせてくれる。

「AUTUMN WINTER 91-92」より

波状のカッティングなど、立体的なフォルムを追求した91年・92年秋冬。
目が覚めるような鮮やかな配色の幾何学ニットにはユーモアが溢れていてる。

TSUMORI CHISATO

「TSUMORI CHISATO SPRING SUMMER.1991」より

91年春夏は、チェックやストライプ、ダイヤ柄などの王道モチーフを大胆なカッティングで
斬新にアレンジした、遊び心を感じさせる素材やディテールのワンピースが登場。

chapter

7

ファッションが光る広告たち

ADVERTISEMENT WITH ATTRACTIVE FASHION

パルコ

『パルコ』創成期から広告のイラストは山口はるみが担当。現代を強く生きる「世の憧れの女性像」が表現され、イラストの女性のことは「はるみギャルズ」と呼ばれた。

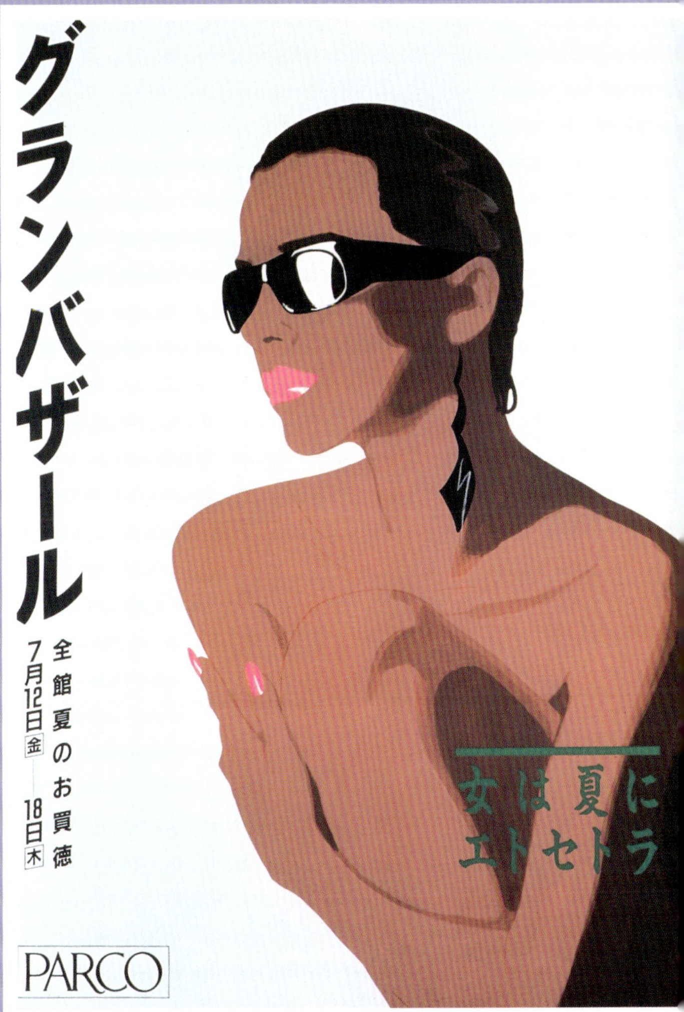

（左）「美シク、ヨロシク。」84年／アートディレクション：戸田正寿／コピー：沢口敏夫／イラスト：山口はるみ
（右）「女は夏にエトセトラ」85年／アートディレクション：戸田正寿／コピー：沢口敏夫／イラスト：山口はるみ

その時代の鏡とも言われる広告。いいものを作れば売れる70年代に比べて、80年代は誰に向けてどんな広告を出すか、というさらなるアイデアが求められた。DCブランドのバーゲンブームによって注目されたファッションビルの広告では、チャック・ベリーやジェームス・ブラウンなどの世界的ミュージシャンが広告に起用され話題となった。各企業も飛ぶ鳥を落とす勢いの人気アイドルやタレントを起用、音楽をタイアップ、商品のイメージに合うファッションを提案して、記憶に残る歴史的広告が次々と生まれたのだった。

ラフォーレ原宿

78年にオープンすると原宿のシンボル的存在になったラフォーレ原宿の広告。アートディレクターの村瀬秀明らによる奇抜なアイデアが光る広告は一度見たら忘れないインパクトを与えた。

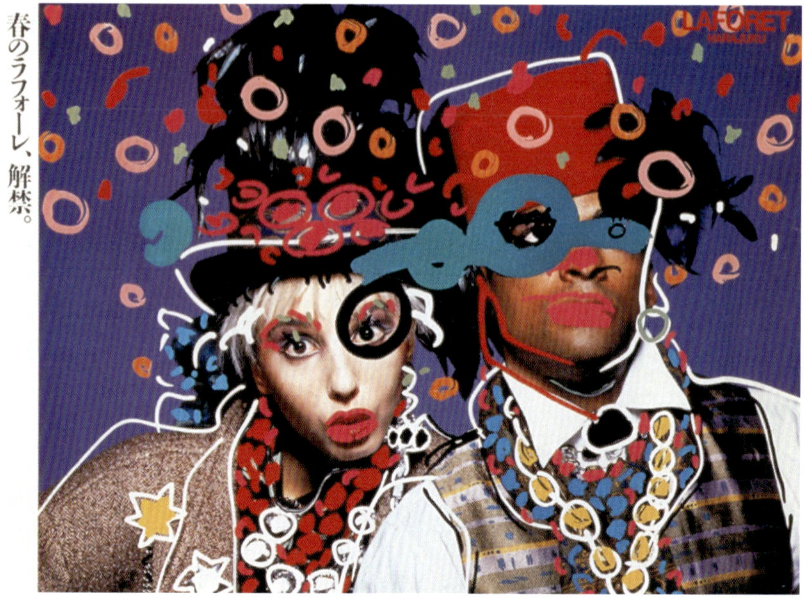

グランバザール冬「春のラフォーレ、解禁。」／85年／アートディレクション：村瀬秀明

グランバザール冬「ヨクバリ山の勝ち。」／87年／アートディレクション：永島 佳

グランバザール夏「サマー・サンタ」／87年／アートディレクション：村瀬秀明

ラフォーレ原宿Part2　イメージ初夏「からし明太子のような女。」／87年／アートディレクション：村瀬秀明

AXIA PS-I、PS-II

富士フイルム／ 85年／モデル：斉藤由貴
清楚なお嬢様ファッションが純粋さを演出。CMに合わせ、「AXIA ～かなしいことり～」
（キャニオン・レコード　現：ポニーキャニオン）というイメージソングも作られた。作詞作曲は詩人の銀色夏生。

FIORI

雪印乳業（現：雪印メグミルク）／89年／モデル：浅香 唯
ざっくり束ねたポニーテールと、真っ赤な衣装に肩をちらっと見せたやんちゃなコーデがキュート。
CMでは、アイスを突き出し「どーすんのよ!」というセリフが印象的。

Roxy

トリオ（現：JVCケンウッド）／84年／モデル：冨田靖子
冨田靖子の芸能界デビューとなった映画『アイコ十六歳』の主人公・アイコとして広告に登場。
役柄の制服姿とは対照的なオーバーサイズのざっくりニットがとびっきりキュート！

TOSHIBA
ひとりで、スリット。
リモコン
HIPなラインが、ちょっと気になる。
Walky
クネッというか、HIPというか、ちょっと気になるラインがついて、登場しました。リモコン・ウォーキー。バッグの外から、リモコンプレイ。またまた音楽の楽しみ方が、おもしろくなったね。
新発売
KT-GS5 36.800円
テープのプレイ、ストップ、リバース、音量調整をリモートコントロール●急速充電長時間プレイ●AM/FM/TV音多チューナー内蔵●ジャスト カセットサイズ
REMOTE CONTROL AUTO REVERSE
K（ブラック）
W（ホワイト）
R（レッド）
先端技術をくらしの中に…E&E《エネルギーとエレクトロニクス》の東芝

Walky ヘッドホーンステレオ KT-GS5

東芝／87年／モデル：本田美奈子.
ミニスカートに、大胆なパフスリーブとニーハイソックス。バレリーナのようであり、ロリータチックでもあるけど、モノトーンコーデでスタイリッシュに決まっている。

chapter

8

’80-’89 ガールズファッション史

HISTORY OF ’80S GIRLS FASHION

70年代後半から80年代前半にかけて、東京・代々木公園の歩行者天国で毎週日曜になると、音楽をかけながら独自の振り付けで踊る若者が出現。原宿に現存するブティック「竹の子」の衣装を着ていたことから「竹の子族」と呼ばれた。

数十年の月日を経てファッションの歴史を振り返ってみると、懐かしいだけの単純な感情だけではなくて、新鮮に感じられたり発見があったりする。意外なものが流行したり廃れたり、自分自身も何かにハマってみたり飽きてみたり、憧れてみたりしながら日常に起きるいろいろな変化の中で、そのすべてを受けいれて"今"ときちんと繋がっていることがわかる。ファッションの流行とは日々進化しながら、繰り返されているのだ。

1980（昭和55年）

ハマトラファッション三種の神器と言われた「フクゾー」のカーディガンと巻きスカート、「キタムラ」のバッグ、「ミハマ」の靴。

・**「竹の子族」**ブーム。スパンコールやラメのついたカラフルなハーレムスーツを身にまとい、竹の子族が代々木公園前歩行者天国（ホコ天）に集った。原宿にある『ブティック竹の子』が名前の由来。

・**「ハマトラ」**ブーム。横浜元町商店街にあるブランド「フクゾー」の服、「キタムラ」のバッグ、「ミハマ」の靴が三種の神器と呼ばれていた。ハマトラは、雑誌『JJ』（光文社）が提唱したと言われ、「横浜トラディショナル」の略。

・松田聖子が「裸足の季節」（CBS・ソニー　現：ソニー・ミュージックレコーズ）でレコードデビュー。**「聖子ちゃんカット」**が大流行。

・イエロー・マジック・オーケストラ（YMO）が2枚目のシングル「ライディーン」（アルファレコード）リリース。テクノポップ旋風が起こる。本田三記夫が考案した刈り上げ短髪にもみあげを鋭角に剃り整えた**「テクノカット」**がYMOのブレイクと共に巷に浸透。

・近藤真彦が「スニーカーぶる～す」（RVC　現：ソニー・ミュージックレーベルズ／アリオラジャパン）でレコードデビュー。翌年発売された同曲収録アルバム『Thank 愛 You』（RCA/RVC）のジャケットではマッチが愛用していた「ナイキ」の"マッハランナー"（米国名：ロードランナー）を首から下げて登場。

・ファッションビル『新宿アルタ』がオープン。

・日本のテクノポップ・バンドの**PLASTICS**が**「WELCOME PLASTICS」**で国内デビュー。

・「わけあって、安い」をキャッチフレーズとし、安くて良い品として開発された『無印良品』が『西友ストア』『西武百貨店』『ファミリーマート』の一部で販売開始。83年には青山に『無印良品』1号店をオープン。

・渋谷スペイン坂に**チャイニーズ雑貨店『大中』**がオープン。

・雑誌『Popteen』（富士見書房）創刊。

・既製衣料品のサイズ表示が統一。

1981（昭和56年）

・ニューウェーブ系トンガリキッズが登場。

・**川久保 玲・山本耀司がパリ・コレクションデビュー**。ダーク（黒）な色彩、ボロのような穴の空いた加工、アシンメトリーなデザインは**“東からの衝撃”**と言われ、その後、黒を前面に打ち出すファッションは世界的に流行した。

・六本木にニューウェーブ・ディスコ**『玉椿』（ツバキボール）**がオープン。

・50年代アメリカのカルチャーに影響を受けた**「フィフティーズ」**ブーム。ホコ天には、竹の子族の他にロカビリー音楽にあわせてツイストを踊る**「ローラー族」**と呼ばれる若者たちで賑わった。女子はサーキュラースカートにシフォンスカーフのリボンを巻いたポニーテール。男子は革ジャン＆革パンツにリーゼントでキメたテディボーイ（不良）スタイルが定番。

・JJ系女子大生の間で「グッチ」や「ルイ・ヴィトン」のボストンやバケツ型バッグが人気集中。田中康夫の小説『なんとなく、クリスタル』（河出書房新社）の内容から高級ブランドに身を包んだ女性たちを「クリスタル族」「なんクリ族」と呼んだ。

・**「エアロビ」**ブームによりレオタード＆レッグウォーマーが大流行。田原俊彦が『ザ・ベストテン』（TBS系）で「グッドラックLOVE」（NAV／キャニオン・レコード　現：ポニーキャニオン）を披露する際にレッグウォーマーを着用したことで、男性たちに**レッグウォーマーと赤い「ナイキ」の“コルテッツ”**が流行する。

ゲルニカ『改造への躍動』
提供：アルファミュージック／ 82年

80年代初頭のテクノ・ポップやニューウェーブブームの象徴的なアルバム。戸川 純はこのアルバムでボーカルデビューを果たした。

・マリン系のブランド「ボートハウス」や「SEA' S」のロゴ入り布ショルダートートバッグが大学生を中心に人気となる。

・ツッパリルックの猫が主役のキャラクター**「なめ猫」**ブーム。正式名称は「全日本暴猫連合　なめんなよ」。“なめ猫免許証”をはじめとするグッズが多数販売される。

・バラエティ番組『オレたちひょうきん族』（フジテレビ系）、アメリカのヒットチャートを紹介する音楽番組『ベストヒットUSA』（テレビ朝日系）放送開始。

・上野耕路、太田螢一、戸川 純の3人による音楽ユニット、**ゲルニカ**結成。翌年リリースされるデビューアルバム**『改造への躍動』**（アルファレコード）は細野晴臣がプロデュース。

フィフティーズブーム真っ只中。ホコ天で音楽に合わせて踊る少女たち。

ACROSS編集室（パルコ）より

1982（昭和57年）

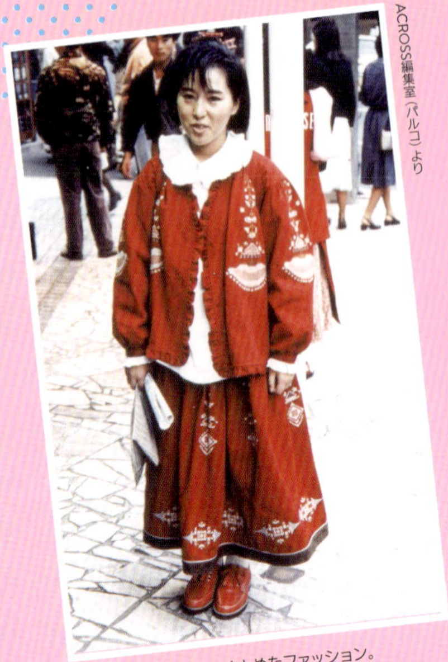

ACROSS編集室（パルコ）より

全身「ピンクハウス」でまとめたファッション。
流行の赤で統一。

・前年度にパリコレデビューした川久保 玲と山本耀司の影響から全身黒ずくめの「カラス族」が誕生。

・雑誌『Olive』（マガジンハウス）、『CanCam』（小学館）、『ELLE japon』（マガジンハウス）、『Marie Claire Japon』（中央公論社）創刊。

・デザイナーの金子 功による人気ブランド「ピンクハウス」が株式会社として独立。「ピンクハウス」好きの少女たちの間でメルヘンチックなロングソバージュヘアが流行。

・JJ系女子大生には「ゲラルディーニ」のポシェットや「ウプラ」のバッグが流行。大人の女性は、「マリオ・ヴァレンティーノ」のクラッチバッグに人気集中。

・「手芸」ブーム。自分で作ったキルティング生地の巾着を学生カバンにぶら下げる中高生が急増。サーフボードケースやラケットケースまでもキルティングの手作り。

・『アストアロボット』原宿に誕生。「ヴィヴィアン・ウエストウッド」や「セディショナリーズ」「ドクターマーチン」など、パンクカルチャーを象徴するブランドのアイテムが国内で唯一購入できた。

・日本初のクラブ『ピテカントロプスエレクトス』（通称：ピテカン）が原宿にオープン。流行と文化の最先端と位置づけられキース・ヘリングやバスキアも来店した。

・夏にマドラスチェック柄が大流行し、トートバッグやネクタイ、靴といった小物まで様々なマドラスチェック柄のアイテムが登場。

・エスパドリーユが流行。鮮やかな色づかいから夏っぽいパステル調までカラフルなラインナップで登場した。

・ライヴを観られるカフェバーというコンセプトで、西麻布のカフェバー『レッドシューズ』の初代オーナー・松山勲が六本木に『インクスティック』オープン。

・ビッグマフラーが流行。ルーズベルトやルーズブーツなどと合わせるコーディネイトが定番。

・テレホンカードの使用開始。

『アストアロボット』の前で「セディショナリーズ」を着た藤原ヒロシ。
撮影：田村和一

1983（昭和58年）

『粉紅之龍』の外観。「CREAM SODA」を手掛けた山崎眞行がオープンさせた。
画像提供：ピンクドラゴン

- 大西厚樹がブランド名を「キャトルセゾン」から「アツキオオニシ」へ変更。
- レコード＆CDショップ**『六本木WAVE』**オープン。ビル一棟に音楽と映画館、スタジオなどを有し、音と映像の新しい空間としてカルチャーを発信した。
- 『東京ディズニーランド』開園。
- 雑誌『ViVi』(講談社)創刊。
- 雑誌『Olive』にて「オリーブ少女はリセエンヌを真似しよう!」というキャッチコピーが登場。フランスの学生のようにさり気なくおしゃれを取り入れることを提唱し(**"リセエンヌ宣言"**と呼ばれる)、**「オリーブ少女」**という言葉が生まれた。
- 82年に「コム・デ・ギャルソン」や「ヴィヴィアン・ウエストウッド」が発表した**「プアルック」「プアスタイル」**が大流行。切りっぱなし、穴あき、ダボダボといった貧乏人のようなあえての**「ボロファッション」**が若者ファッションカルチャーに大きな衝撃を与える。カチューシャ風リボンやターバンを巻いたスタイルは当時、話題だった連続テレビ小説『おしん』(NHK)の登場人物からもじって「おしん巻き」とも呼ばれた。
- DCブランドのショップ店員のことを**「ハウスマヌカン」**と呼び、最新のトレンドを身にまとって接客することから一躍人気の職業となった。
- 夏の小物はクリアカラーが人気。透明感のあるカラフルなアクリル・アクセサリーやPVCのバッグが流行。
- 家庭用ゲーム機『ファミリーコンピュータ』(任天堂)発売。
- 糸井重里、林真理子、仲畑貴志らが活躍し、コピーライターが憧れの職業に。
- 深夜バラエティ番組『オールナイトフジ』(フジテレビ系)放送開始。**"女子大生ブーム"**の先駆け。
- 映画『フラッシュダンス』公開。ブレイクダンスなど、NYのストリートカルチャーにも注目が集まる。
- **「イタカジ」**ブーム。イタリア生まれのスポーツウェアブランド**「エレッセ」のテニスウェア**が女子大生に人気。
- チェッカーズ「ギザギザハートの子守唄」(キャニオン・レコード　現:ポニーキャニオン)でデビュー。
- スタイリストバッグのような**黒いデカバッグやズタ袋(大きな巾着)**を鷲掴みにするスタイル、メンズ感覚の黒のロングコートがニューウェーブ系を中心に流行。
- 原宿にフィフティーズをコンセプトにしたショップ**「粉紅之龍」(ピンクドラゴン)**オープン。

ACROSS編集室(パルコ)より

大きめサイズのストレートジーンズをロールアップする「オリーブ少女」。

1984（昭和59年）

・レースが流行。レースショールを肩にかけたり、頭に巻いたり、乙女チックなアイテムをあえて少年っぽいダボッとしたファッションと合わせるのがオシャレだった。

・DC系の少女の間で、デザイナーズブランドのショップバッグを持ち歩くことが流行。ファッション雑誌でも人気ブランドのビニールショップバッグ特集が組まれる。

・DCブランド全盛期となり、『パルコ』や『ラフォーレ原宿』を中心に「大バーゲン」ブームが起きる。

・チェッカーズの人気により、藤井郁弥のような長い前髪をした「チェッカーズカット」、チェックのボリュームロングスカートにチェックを合わせるチェックオンチェックの着こなしが流行。男の子がファッションを楽しみ、オシャレボーイが増加した。

・原宿のロカビリーブランド「CREAM SODA」の人気が爆発。

・麻布十番に7番目の店舗となるディスコ『MAHARAJA TOKYO』オープン。従業員が階級別に色わけされた制服を着用していた。役職を持つ店員は、黒いタキシードを着用していたため、「黒服」という言葉が生まれた。

・「ロサンゼルスオリンピック」開催。大会マスコットの「イーグルサム」はアニメ化され、グッズも人気に。

・コアラとエリマキトカゲが日本に初上陸。ブームに乗って『コアラのマーチ』（ロッテ）が発売された。

・東京青山に『アニエス・ベー』1号店がオープン。

・「コンバース」やコンバース風のハイカットスニーカーが流行。ベロを折り返すのがポイントで、裏地にチェックなどの柄やアクセントカラーの入ったものが登場。

空前のおもしろ動物ブームでもっとも活躍したのがCM出演まで果たしたエリマキトカゲ。
Eric Isselee ／ Shutterstock.com

ACROSS編集室（パルコ）より

漢字柄に着物っぽいデザインがひと際目立つ「KANSAI」の服。

・ティーンの間でマリンルックが大流行。

・アート柄や漢字を用いたネオジャパネスクなデザインが流行。

・霜降りやヘリンボーンなどの厚手ボコボコ素材アウターが流行。

・カラフルソックスが流行。一世風靡セピアのメンバーが履いていた赤いソックスが大人気。左右で色を変えるアレンジも。

・男女共に刈り上げヘアが流行。

・冬はセーター、マフラー、小物までとにかく赤の着こなしが流行。

・アメリカのスポーツ選手らが練習用の防寒着として着用したスタジアムジャンパーが人気。

1985（昭和60年）

・「フィリックス・ザ・キャット」や「ベティー ブープ」「タンタン」「OSAMU GOODS」などのキャラクターブーム到来。

・TOTOが「シャンプードレッサー」を発売。翌年、資生堂から朝専用のシャンプー「モーニングフレッシュ」が登場し、空前の「朝シャン」ブーム到来。

・「つくば万博（国際科学技術博覧会）」開催。マスコットキャラクター「コスモ星丸」は根強いファンも多い。

・バラエティ番組『夕やけニャンニャン』（フジテレビ系）放送開始。とんねるずやおニャン子クラブが衣装として着用した「セーラーズ」が若者の憧れのブランドに。

・バラエティ番組『天才・たけしの元気が出るテレビ!!』（日本テレビ系）放送開始。

・読売新聞社主催「東京プレタポルテ・コレクション」開催。

・川久保 玲、松田光弘、三宅一生、森英恵、山本寛斎、山本耀司の6人が発起人となり、デザイナー組織「東京ファッションデザイナー協議会」（CFD）を結成。

・それまで男性人気の高かったペイズリー柄が女性アイテムとして流行。ロココ調、宝石モチーフやアートプリント風の花柄など、キッチュ感覚のプリントパターンがブームに。

・ウーパールーパーがブーム。

・『丸井』のスパークリングセールに長蛇の列ができる。クレジットカードといえば、『丸井』の赤いカードが定番に。

・マーガレット型のプラスチックブローチや大きなボタンなど、雑貨感覚のアクセサリーがティーンの間で流行。

・太眉メイクブーム。太眉のハウスマヌカンを「太マユマヌカン」と呼んだ。

・夏にシャツの裾を前で結ぶアレンジがブーム。

・安価で流通したことからおもちゃめがねが大流行。

・重ね着をしてフードをベロンとはみ出させる、はみ出しフードが人気。スウェット生地が定番だったフードにナイロンや薄手の木綿といった異素材が登場。

・ウエストを強調した女性らしいシルエットと肩パッドが入った「ビッグショルダー」のジャケットが流行。強い女性の象徴に。

・「ルイ・ヴィトン」からフランス語で「麦の穂」という意味の"エピ"シリーズが誕生。

ACROSS編集室（パルコ）より

岡崎京子の漫画に出てきそうな黒サングラスと赤いグローブが効いたコーディネイト。

1986（昭和61年）

ACROSS編集室（パルコ）より

頭のてっぺんで束ねたヘアスタイルが大流行。黒ぶちめがねやスカーフの小物使いがキュート。

ACROSS編集室（パルコ）より

スタジャンと水玉模様のワンピースは「ピンクハウス」のもの。大きなリボンが目を引く。

- ビッグシルエットの黒い「MA－1」ジャケットが大流行。アメカジ文化の火付け役となる。
- お嬢様ブームにより、女子大生やOLの間で「ピンクハウス」のお姉さん的ブランド**「インゲボルグ」**のスーツが流行。ゴールドなどウエストを強調するチェーンベルトや、パールの多連ネックレスのアクセサリーなど、ゴージャスなものがもてはやされた。シャネル風の黒革チェーン付きキルティングバッグやベージュと黒のコンビパンプスも定番。
- 本田美奈子．のシングル「1986年のマリリン」（東芝EMI）が大ヒット。**「ヘソ出しルック」**と腰を振る挑発的なダンスが話題になった。
- 伝説的なヒップホップグループのRun D.M.Cが来日公演。「アディダス」のジャージに紐なしの“スーパースター”という履きこなしに注目が集まる。
- ファッションビル『ラフォーレ原宿』Part2がオープン。
- 軽素材のデカショルダーが中高生の休日定番バッグとなる。オリーブ少女の中では**革製の四角い学生カバン**をランドセルのように背負うのがトレンドに。
- 雑誌『ピチレモン』（学研）創刊。
- **「ケミカルウォッシュ」**が一気に流行。中でもジョッパーズシルエットが定番。カットオフしてアレンジするのもブームに。
- きわどい角度がセクシーな**ハイレグ水着**が登場。着用するにはケアが必須のため脱毛や除毛用品が人気に。
- 『はちみつレモン』（サントリー）発売。
- 細いものから太いものまで、色・柄様々な“リボン”を使ったヘアアレンジが大流行。
- オリーブ少女から派手なボディコン女子まで幅広く、**「おだんごヘア」**がトレンドに。おだんご部分に被せる**シニヨンキャップ**も人気。バンダナやスカーフをシニヨンと合わせるアレンジも。
- お嬢様アイテムとして、フェイクファーやダルメシアン柄のコートが人気を博す。
- **モノトーンの水玉模様とストライプ柄**が大ブーム。
- 秋冬はティーンの間でモノトーンのグレンチェックや千鳥格子柄が流行。

1987（昭和62年）

・「アメカジ」大ブーム。「レッドウィング」のブーツ、「ヘインズ」の3枚パックの白Tシャツ、「NFL」「MLB」のサテンジャンパー、「ラコステ」「ラルフローレン」のポロシャツやラガーシャツ、スキューバダイビングブランド「SAS」や国旗柄のビニール素材のショルダーバッグなどが人気に。

・シャツやカーディガンの袖を止めてアレンジする「アームバンド」が流行。

・女性のスニーカーブーム到来。中でも「リーボック」の“ワークアウト”が人気に。

・バラエティ番組『ねるとん紅鯨団』（フジテレビ系）放送開始。

・光GENJIが「STAR LIGHT」（キャニオン・レコード　現：ポニーキャニオン）でデビュー。

・ワンレングスに「ボディコン」ブームが到来。

・「ひまわり柄」が人気。ペプラムや腰に大きなリボンを結んだタイプから露出度の高いタイトなシルエットものまで流行った。

・ぬいぐるみバッグ、帽子ケース風丸型バッグ、レトロトランクバッグ、「吉田カバン」のLUGGAGE LABELシリーズのバッグが流行。

・「タンタンヘア」が流行。ベリーショートに前髪をジェルやハードムースなどで立たせるスタイル。ベルギーの漫画『タンタンの冒険』の主人公の名前に由来する。

・マドンナとマイケル・ジャクソンが初来日。「M・M旋風」と呼ばれる。

・映画『彼女が水着にきがえたら』『波の数だけ抱きしめて』と続くホイチョイ3部作の第1作目となる『私をスキーに連れてって』公開。

・『少女雑貨専門TV エクボ堂』（テレビ東京系）放送開始。ローティーン向けのファッション情報を紹介していた番組。司会は兵藤ゆきと本木雅弘。

・バックにアルファベットロゴがプリントされたウィンドブレーカーが人気。

・エンブレム入りのアイテムが大ブーム。

・お嬢様系女子の間で、ゴールドやパールのブローチをたくさんつけることが流行。

・バレッタやリボン、アクリル素材の髪留めなどを使ったヘアアレンジが流行。

ACROSS編集室（パルコ）より

黒いウインドブレーカーのバックには大きなエッフェル塔のロゴ。

ACROSS編集室（パルコ）より

今にも踊り出しそうなボディコンスタイル。ゴールドのアクセと太いベルトがポイント。

・雑誌『宝島』（宝島社）を愛読する、インディーズ系の音楽が好きな「宝島系」を中心にサファリ帽が流行。

・ウエストラインを強調する丈の短いミドリフトップが流行。

1988（昭和63年）

ACROSS編集室（パルコ）より

カーディガンは“プロデューサーがけ”。ストレートジーンズ、ヴィトンのバッグが「渋カジ」の定番。

© 資生堂

『インテグレート』シリーズのCMに出演した今井美樹は、アイシャドウのCMソング『彼女とTIP ON DUO』（フォーライフ・レコード　現・フォーライフミュージックエンタテイメント）のヒットと共に大ブレイク。

セーターの編み方はもちろんだが、人気若手俳優たちの写真集としても楽しめるのがセーターブック最大の魅力。
『風間トオルと仲間たち 僕らのセーターアイランド』（雄鶏社）
『西島秀俊 俺が着るセーター』（雄鶏社）
『石黒 賢セーターブック』（日本ヴォーグ社）

・渋谷センター街周辺にいたアメリカン・カジュアルの集団ファッション「渋カジ」誕生。

・渋カジ系の男女に「ルイ・ヴィトン」のモノグラムの大型ボストン“キーポル”が人気に。ボトムスはワンウォッシュか白に近い水色のブリーチウォッシュの「リーバイス」の“501”が鉄板アイテム。ポケットにバンダナをチラ見せさせるのも流行。

・今井美樹がベストジーニスト受賞。ストーンウォッシュのジーンズに白いシャツをコーディネイトした今井美樹風の女性が巷に蔓延。資生堂『インテグレート』のCMでつけた赤い口紅も話題に。

・自由が丘に松田聖子のブティック『フローレス・セイコ』オープン。フローレス（Flawless）」とは“（宝石が）傷のない、完璧な”という意味を持ち、ダイアモンドの最高級という意味。

・W浅野（浅野温子・浅野ゆう子）主演のトレンディドラマ『抱きしめたい！ I WANNA HOLD YOUR HAND』（フジテレビ系）放送開始。ドラマ内での生活スタイルは当時の若い女性の憧れの的だった。

・「イーストパック」や「アウトドアプロダクツ」のカラフルなデイパックが流行。

・雑誌『CUTiE』（宝島社）、雑誌『Ray』（主婦の友社）創刊。

・生クリームを練りこんだ高級な『V.I.Pチョコレート』（ロッテ）が発売。CMで登場した工藤静香の「すだれ前髪」がブームになる。

・雑誌『Hanako』（マガジンハウス）創刊。女性の社会進出とバブル経済があいまって、同誌の読者たちが時代を象徴する女性像とされ、「Hanako族」と呼ばれた。ティラミスやクレームブリュレなど数々のスイーツブームの火付け役。

・シチュエーション・コメディドラマ『やっぱり猫が好き』（フジテレビ系）放送開始。ファッションや室内セットのインテリアにまで当時のトレンドが反映されていた。

・“彼に手編みのセーターをプレゼントしよう”というコンセプトのもと、人気モデルや駆け出しの若手俳優をモデルに起用した「セーターブック（SB）」シリーズが人気に。

1989（昭和64年／平成元年）

・「コム・デ・ギャルソン」が青山に200坪の店舗をオープン。

・音楽オーディション番組『平成名物TV 三宅裕司のいかすバンド天国』（TBS系）放送開始。中高生や若者の間でバンドブームが巻き起こる。

・サファリ、サンタフェ、ネイティブアメリカンといった「エスニックファッション」が流行。「バナナ・リパブリック」のアニマルプリント、「ミネトンカ」のモカシン、「HI-TEC」のトレッキングシューズ、「ハンティングワールド」のバッグを合わせるのが夏のおしゃれだった。

・顔にメイクを施し、髪の毛を逆立てたヴィジュアル系の元祖・X JAPANが人気に。彼らのファッションをマネするファンが続出。

・「ヴィヴィアン・ウエストウッド」がブームに。中でも厚底靴の"ロッキンホース"は爆発的人気に。

・雑誌『POPEYE』（マガジンハウス）にて「渋カジ '89 着こなし、買い方図解」が掲載され、渋カジブームが日本中に広がる。代表アイテムはGジャンやダンガリーシャツ。

・タレントショップ全盛期。タレントショップ第1号店は86年にオープンした『元気が出るハウス』。

・様々な物事をランキングする生放送情報バラエティ番組『はなきんデータランド』（テレビ朝日系）放送開始。

・ロングヘアブームが続く中、太めのおさげ髪が人気に。

・クリスマスプレゼントとして「ティファニー」の"オープンハート"のネックレスが大ブーム。購入できなかった男性が彼女への言い訳のために一部店舗で「売り切れ証明書」を発行した。

・雑誌『SPUR』（集英社）、雑誌『CREA』（文藝春秋）創刊。

・「MA－1」が進化したリバーシブルブルゾンとして様々なブランドから登場。

・ベストが流行。パンツと合わせたマニッシュな着こなし、ウエスタン風のロングフレアスカートと合わせたスタイリングなど、ジャンル問わず流行。

・ジラフ柄やヒョウ柄のベージュ系フェイクファーが人気。

ACROSS編集室（パルコ）より

フード付きのフェイクファーが大ブーム。
ジーンズと合わせてカジュアルに。

ACROSS編集室（パルコ）より

大きく束ねた太めのおさげにくっきり眉毛と
赤い口紅が時代を象徴する。

あとがき

最後まで読んでくださったみなさま、ありがとうございました。80年代ガールズファッションをお楽しみいただけたでしょうか。本書では、当時の女の子たちのリアルクローズに迫るべく、ビジュアルを中心に振り返りました。様々なものがデジタル化される前の時代ということもあり、当時の資料が残っておらず掲載を断念したブランドもたくさんありました。そのような状況の中でも、貴重な資料を提供してくださったブランド様には心より感謝いたします。お借りした資料を手に取るたびに、震えるほどの感動とときめきがありました。日本独自の様々な流行が芽生えた混沌の時期であり、今回紹介できたのはその一端に過ぎないのですが、この時代を過ごした人やファッションが好きでたまらない全世代に、少しでもときめいていただけたら幸いです。

ファッションの流行とはその時代に生きた人たちによってつくられ、変化をして、進化しながら新しいものが生まれ続けています。オシャレとは楽しくて心躍るもの。自分の生き方が“服”に現れるといっても全然大袈裟じゃない。自分で言っていて耳が痛いところも多々ありますが、いくつになっても自分らしくそのときどきに合ったオシャレを思いきり楽しめる人ってステキだなと思います。自分のスタイルがある（見つける）というのは、ファッションに限られたことではないですがやはり最強です!!　これからも“今”という時代の、“今の自分”らしいオシャレを存分に楽しみましょう♡

80年代、わたしはまだまだ自分で服を買うこともできない小学生でした。それでも親におねだりをしてチェッカーズが流行ればチェックの服を着ていたし、モノトーンや水玉が流行れば取り入れて、おだんごヘアにシニヨンキャップをつけて、文化屋雑貨店で買ってもらったおもちゃめがねをかけていました。自慢は小6になると同時に「ランドセルなんてダサいわ」と「フィリックス」のリュックを背負って通学していたこと。オシャレに理解のある親でほんとによかったです。そうして、子どもなりに感じ取れる流行を、（親のお金で）大いに楽しんでいた時代。意外とこのときの直感的感覚が今に生きていると思っています。

その後、オシャレをすることで頭がいっぱいの女子高生へと成長し（？）、お小遣いとバイト代はすべて服かファッション誌、レコード代に。決して手先が器用なわけではなかったけど、お小遣いが足りなくなれば生地屋さんに駆け込んで自分で服をつくっていました（ヘタクソですが）。好きな生地を安く買って好きなデザインの服を自分でつくれるなんて最高！と目を輝かせるも、独学の服づくりにはやはり技術の限界が。そして、高校卒業後はファッションデザイナーを目指して迷うことなく東京・文化服装学院へ進学。しかし、わたしは服飾の専門学校へ行かせてもらったにも関わらず、その道へ進むことなく編集者の道へとまっすぐ進みました。純粋にわたしにはそっちのほうが合ってるし楽しそうだと思ったから……（ほんとに親泣かせ！）。

そして、編集者として自分の「好き」をひたすら追求していった先には、“ファッション”あり。結局辿りついた場所はわたしにとってのときめきの原点だったのです。子どもの頃から好きなオシャレをさせてくれ、進学までさせてくれた両親に感謝の気持ちを込めて。

竹村真奈

編著 **竹村真奈**

1976年、高知生まれ。文化服装学院卒業。編集プロダクション・タイムマシンラボ代表として、ファンシーなガーリーカルチャーを本に閉じ込める仕事や企画・プロデュースを中心に活動中。代表的な著書に『サンリオデイズ』『魔女っ子デイズ』(BNN新社)、『まんがファッション』(PIE BOOKS)、『ファンシーメイト』『80-90's TEENS BEAUTY BOOK』『ヤンキーメイト』(ギャンビット)他多数。http://www.timemachinelabo.com/

編集アシスタント
村上由恵、みわまゆみ、よこやままり

編集協力
須藤幸恵、藤本あき

ブックデザイン
iroiroinc.

撮影
弘田 充 (P052、P054、P100、P101、P132、P133、P135)

カバー写真
PERSON'S

協力
I.S.、ATELIER SAB、アミューズ、オスカープロモーション、SAB STREET、資生堂企業資料館、JUST BIGI、ジャム企画、ZUCCa、SAILORS、TSUMORI CHISATO、東宝芸能、戸川純事務所、PERSON'S、パーフィットプロダクション、HAKKA、BA-TSU CLUB、パルコ、BMI、BIGI、HIROMICHI NAKANO、HIROMICHI NAKANO VIVAYOU、POU DOU DOU vingt-trois、文化屋雑貨店、MILK、ラフォーレ原宿(和音順)

'80s《エイティーズ》ガールズファッションブック

2020年4月25日 初版第1刷発行

編著
竹村真奈

発行者
長瀬 聡

発行所
株式会社 グラフィック社

〒102-0073 東京都千代田区九段北1-14-17
TEL 03-3263-4318 FAX 03-3263-5297
http://www.graphicsha.co.jp
振替 00130-6-114345

印刷・製本
図書印刷株式会社

ISBN978-4-7661-3372-1 C0076

本書に掲載されている商品は基本的に全て当時のもので、現在販売されておりません。ブランドやその他関係者へのお問い合わせはご遠慮下さい。
なお、本書の出版にあたり、掲載物の著作権所有者に可能な限りご連絡を取ることを努めましたが、
最終的にご連絡を取ることができなかった権利者の方がいらっしゃいます。不行き届きをお詫びするとともに、
情報をお持ちの方がいらっしゃいましたら小社編集部までご一報頂けると幸いです。